SCRIPTORES
RERUM GERMANICARUM

IN USUM SCHOLARUM

EX

MONUMENTIS GERMANIAE HISTORICIS

RECUSI.

GESTA ABBATUM FONTANELLENSIUM.

HANNOVERAE
IMPENSIS BIBLIOPOLII HAHNIANI.
1886.

Unveränderter Nachdruck

Wiesbaden 2020
Harrassowitz Verlag

GESTA
ABBATUM FONTANELLENSIUM.

RECENSUIT

S. LOEWENFELD.

HANNOVERAE
IMPENSIS BIBLIOPOLII HAHNIANI.
1886.

Unveränderter Nachdruck
Wiesbaden 2020
Harrassowitz Verlag

Unveränderter Nachdruck der 1886 bei der Hahnschen Buchhandlung, Hannover, erschienenen Ausgabe.

Bibliographische Information der Deutschen Nationalbibliothek
Die Deutsche Nationalbibliothek verzeichnet diese Publikation
in der Deutschen Nationalbibliografie; detaillierte bibliografische Daten
sind im Internet über http://dnb.dnb.de abrufbar.

Bibliographic information published by the Deutsche Nationalbibliothek
The Deutsche Nationalbibliothek lists this publication
in the Deutsche Nationalbibliografie; detailed bibliographic data
are available in the Internet at http://dnb.dnb.de.

© 1886, 2020 Monumenta Germaniae Historica, München
Harrassowitz Verlag, Kreuzberger Ring 7c-d, 65205 Wiesbaden
produktsicherheit.verlag@harrassowitz.de
Alle Rechte vorbehalten
Gedruckt auf alterungsbeständigem Papier
Printed in Germany
ISBN 978-3-447-17156-4
ISSN 0343–0820

PRAEFATIO.

Gesta Romanorum pontificum, ut recte animadvertit G. H. Pertz b. m., a variis auctoribus usque ad saeculum octavum nonive initium deducta, Gestis abbatum Fontanellensium originem dederunt [1]. Ad illorum enim exemplum monachus quidam, qui nomen suum reticuit, Fontanellensis [2], iussu, ut videtur, abbatis Fulconis, inter annos 834. et 845. historiam monasterii sui composuit, incipiens a s. Wandregisilo fundatore eamque perducens usque ad Ansegisi abbatis, a. 833. defuncti, extremum diem [3]. Uno eodemque calamo totum opus absolutum fuisse, ex eo patet, quod et institutio eius et scribendi genus aliaque praeterea certissima indicia eundem ubique auctorem produnt [4]. Cui quidem sententiae loci, quibus auctor de se ipso mentionem iniicit (c. 1. 4. 8. 14. 15) congruunt, praeter unum, quo (c. 13) de Wandone anno 756. defuncto disserens, testantur plurimi qui illum viderunt addit, quod certe aut ex veteri aliqua notitia qua usus sit transcriptum, aut de scriptis testimoniis intelligendum est [5]. Notitiae vero de Fulcone et Herimberto abbatibus operi adiectae auctorem produnt a nostro diversum.

1) *Totam fere Pertzii praefationem, SS. II, p. 270 sq., in proprios usus transferre non dubitavimus, cum quae recta inibi etiam nunc videbantur, melius ea clariusque exprimi a nobis non posse putaremus.* 2) *Locus olim in dioecesi Rotomagensi ad Sequanam situs, hodie Saint-Wandrille audit.* 3) *Vide commentationem meam in 'Forschungen z. D. G.' XXVI, fasc. 2.* 4) *Cf. ibid.* 5) *Verba c. 14. aut etiam ipse vidi ad oculos mentis spectare manifestum est.*

Hunc librum haud integrum posteritati servatum esse, putaverunt Pertz aliique, cum inter c. 1. et c. 2. Gesta abbatum Lantberti, Ansberti et Hildeberti desiderarent. Quorum vero Gesta numquam in hoc opere exstitisse, quia auctor aut separatim ea edere voluerit aut iam editas invenerit aut aliud nescio quod propositum in omittendis eis habuerit, hoc loco satis est animadvertisse, cum fusius de hac re argumentum alio loco dederim [1].

In componenda historia sua auctor praeter ea quae ipse praesens viderat aut ex patrum relationibus vel per tres generationes ad se devolutis cognoverat, pretiosissimas notitias et chartas ex monasterii sui tabulario desumptas collegit, ordinavit et in unum corpus redegit; neque praetermittendum est, eum non solum ad Fontanellensis, verum etiam Rotomagensis, Parisiensis, Baiocensis, Gemeticensis ecclesiarum archiva lectorem historiae melius perscrutandae cupidum revocare [2]. *Non minus vero libros, quos in monasterii bibliotheca invenit, in usum suum convertere studuit; quos si enumeramus, primo loco memoranda est Vita s. Wandregisili a monacho coaevo septimo saeculo scripta, ex qua totum caput 1. conflavit, adhibita nonnisi semel Vita s. Columbani auctore Iona Bobiensi et Genealogia domus Carolingicae, ex traditione quadam, ut videtur, Fontanellensi interpolata; deinde Gesta Zachariae papae in Libro quem dicimus pontificalem miraculum de reliquiis s. Georgii martyris auctori nostro praebuerunt (c. 14.); Bedae Historiam ecclesiasticam adhibuit in cap. 3. Usus est praeterea Einhardi Vita Karoli et Annalibus nomine eius signatis, quem praeter alia coenobii Fontanellensis regimen per septem fere annos gessisse novimus. Complures notitias ad res regni Merovingici et Carolingici spectantes, quas annis 708. 715—18. 731. 753. 787. 788. inseruit, ex Annalibus Petavianis hausit, ut Pertz monuit et comparatio a nobis instituta comprobavit. Alios vero Gestorum locos, eos praesertim, qui prope ad Annales Mettenses accedunt, ex Fredegarii continuatione exscriptos et e Gestis nostris in Annales Mettenses translatos esse, putavit Pertz. Sed aliter res sese habet. Primus R. Dorr* [3]

---

1) *l. l.*   2) *Cap.* 8, *p.* 27.   3) *De bellis Francorum cum Arabibus gestis usque ad obitum Karoli Magni. Diss. Regimont.* 1861. *p.* 41.

ex propinquitate, qua Gesta nostra cum Annalibus Mettensibus et Chronico Moissiacensi coniuncta vidit, ex uno eodemque fonte iam perdito ea hausisse, collegit; et quae sagacissime partim probavit partimque suspicatus est, doctissimorum virorum post eum scribentium disquisitionibus criticis firmata ea sunt et comprobata [1]. Etenim melior huius temporis fontium cognitio et fragmenta Annalium Carolingicorum ante quatuor circiter lustra detecta certo certius nos docuerunt: exstitisse olim maius Annalium opus, ad annum usque 805. vel 806. perductum, cuius pars prior Fredegarii continuationem, posterior Annales Laurissenses maiores pro fundamento habuit, ultima vero propriam rerum gestarum narrationem praebuit [2]. Hoc opus nobis ignotum ante oculos habuisse auctorem nostrum, manifestum est [3].

Sequentes igitur rationem in edendis Germaniae Monumentis adoptatam, litteris minoribus imprimendos curavimus locos ex fontibus nobis non ignotis ad verbum sumptos; quos vero ex eisdem auctor sumpsit, sed proprio ingenio mutavit, vel quae opus perditum ei suppeditavit, eisdem litteris, sed longioribus solito spatiis intermissis, exprimi fecimus.

Pauca, quae observamus, vitia sermonis, verba deponentia ut passiva, intransitiva ut transitiva usitata, accusativi absoluti, vocabulum fore pro esse usurpatum, tempori auctoris imputanda sunt.

Opus primum anno 1659, tomo III. Spicilegii p. 185—248. edidit Lucas Dacherius, initio duobus manuscriptis nisus, quorum alterum 'libellum manu antiqua exaratum coenobii Fontanellensis', alterum 'apographum Duchesnii' significat. Quisnam vero fuerit libellus iste, consideranti mihi probabile videtur, eum esse codicem Rotomagensem Y $\frac{104}{122}$ saec. XIII,

[1] Breysig, 'Die Zeit Karl Martells' p. 113 sq.; Dünzelmann, 'Beiträge zur Kritik Karol. Annalen', in 'Neues Archiv' II, p. 477; Waitz, in 'Forschungen z. D. G.' XX, p. 385; Simson, ibid. p. 395. [2] Waitz, 'Ueber die kleine Lorscher Frankenchronik', in 'Sitz.-Ber. der Berl. Akad.' XIX, p. 403; Pückert, 'Ueber die kleine Lorscher Frankenchronik', in 'Berichten der sächs. Gesellsch. d. Wissensch. zu Leipzig, phil.-hist. Klasse'. 1884. p. 106. [3] Pückert l. l. p. 150. opinatur, operis illius perditi non formam originalem, sed recensionem quandam auctori Fontanellensi praesto fuisse.

'olim S. Wandregisili', aut ei persimilem, quippe cuius characteres a Bethmanno in 'Archiv' VIII, p. 373. indicati optime concordent cum descriptione Spicilegii praefationi inserta. Iam duodecim vero Gestorum capitibus typis mandatis, Dacherio contigit, ut 'serius optato' alius 'perantiquus codex abbatiae Fontinellensis' ei offerretur[1], qui editionis circulos haud leviter turbavit. Hunc codicem eundem esse, qui hodie in bibliotheca Havrensi asservatur, descriptiones in Spicilegio et in 'Neues Archiv' IX, p. 368. aperte docent. Varias quasdam lectiones selectas duodecim priorum capitum Dacherius ad calcem operis adiecit. Neque tamen postea satis diligenter librum hunc expressit, sed multa ex aliis exemplaribus retinuit. Ubique more saeculi XVII orthographiam mutavit.

Nonnulla principis editionis vitia anno 1723. in altera Spicilegii editione t. II, p. 263. sqq., ex codice perantiquo iterum a Martenio collato, aut in annotationibus indicata aut in textu emendata sunt. Et huic et priori editioni adiuncta erat appendix continens Mainardi et Gerardi, abbatum saeculi decimi et undecimi, prolixiora Gesta. Postea auctores Galliae Christianae integram codicis Havrensis collationem cum Spicilegii editione instituendam haud supervacuam duxerunt[2]. Fragmenta operis Bouquet tomis II. V. VI. Scriptorum rerum Gallicarum et Mabillon Actis SS. ord. S. Benedicti III, 2. inseruerunt. Ultimus Pertz a. 1829. in Mon. Germ. SS. II, p. 270 sqq. Gesta edidit; Martenii vestigia secutus, editionem Dacherianam, quam vitiis hic illic felicissime purgavit, ad codicis Fontanellensis similitudinem redigere conatus est; iure omisit Gesta appendicis supra memorati, utpote a rebus Germanicis aliena. Post paucos vero annos antiquissimus codex S. Wandregisili inde a Mabillonii tempore desideratus[3] a b. m. Ludovico Bethmann, cum Normanniam permigraret, in bibliotheca publica Havrensi repertus est[4]. Urgente deinde novae editionis emendatae necessitate, iussu V. Ill. Georgii Waitz anno 1882. Parisiis in civitatem Havrensem me contuli, comparationem

---

1) Vide ad calcem tomi III. Spicilegii. De eodem in praefatione ita: 'Chronicon ad vetustissimum eiusdem monasterii apographum ante annos sexcentos exaratum contuli'. 2) T. XI, Instrum. p. 1 sq. 3) Cf. eius Acta SS. o. S. B. III, 2, p. 462. et 'Neues Archiv' IX, p. 371. 4) 'Archiv' VIII, p. 375; 'Neues Archiv' IX, p. 361.

codicis cum editione instituturus[1]. *Hunc Gestorum codicem omnium, qui supersunt, antiquissimum accuratius secuti*[2], *partes prioris editionis inibi non exstantes infra textum relegavimus, ut quae adhibuit Dacherius manuscriptorum imaginem lectoribus praebeamus.*

Quo vero tempore conscriptus sit codex ille venerandae aetatis olim S. Wandregisili, nunc Havrensis, inter artis palaeographicae peritissimos haud constat. Etenim Bethmann saeculo XI. exeunti, Waitz et Wattenbach, quibus quarundam linearum specimen a nobis delineatum proposuimus, saeculo XI. ineunti scripturam assignaverunt; L. Delisle vero codicem saeculi X. manu exaratum esse putavit, teste Sickelio in Actis Karolorum II, p. 368; nec deerant nec desunt, qui iam saeculo IX. eum attribuant[3]. *In tanta sententiarum discrepantia, Delislii opinionem me probare, profiteri vix ausim.*

Aliorum vero codicum, quorum notitiam adepti sumus, nullam duximus rationem habendam, quippe qui ad emendandum textum haud idonei viderentur. Sunt enim hi: Codex bibl. Ambianensis nr. 348, *chartaceus in folio, saec. XVII; cf. Bethmann l. l. p.* 396*; et Codex bibl. Burgundicae Bruxellensis nr.* 7818, *saec. XVII, 'ex ms. chart. in qu. Rubeaevallis, collatum cum ms. b. Mariae in Nazareth in P . . . . . . Morinensis diocesis, quod nunc est in collegio soc. Iesu Tornaci'; cf. Bethmann l. l. p.* 506.

Uberrimis Pertzii notis, quibus editionem suam locupletavit, alias adiecimus aut ad locorum temporumve significationes[4] *aut ad res, quae narrantur, pertinentes. Neque vero litteris initialibus indicare necessarium putavimus, quae cuique notae debeantur, exceptis perpaucis Valesii, Mabillonii, Bouqueti.*

---

1) *Descriptionem codicis, in quo inde a fol.* 152. *ad fol.* 218. *Gesta leguntur, edidi in 'Neues Archiv' IX, p.* 368 *sqq.* 2) *Ita tamen, ut ubi in codice modo* ae *vel* ę *modo* e *ponitur* ae (prae) *vel* oe (coenobium) *scripserimus.* 3) *Cf. Gall. Chr. XI, Instr. p.* 1. *et 'Neues Archiv' IX, p.* 367. 4) *Quod ad res topographicas attinet, sat est lectorem revocare ad commentationem quam edidit Le Prévost: 'Anciennes divisions territoriales de la Normandie', in 'Annuaire historique pour l'année* 1838.' *p.* 231 *sq.*

Monendum est, auctorem nostrum, annorum indicationes quasi exaggerare solitum — plerumque enim praeter annos Christi et regis etiam annos papae, maiorisdomus et indictiones adscripsit — saepissime in errores incidisse. Etenim notas chronologicas, quas in diplomatibus regum vel principum vel abbatum inveniebat, eo modo ampliare studebat, ut Christi vel indictionum annos vel etiam ferias computaret et narrationi suae immisceret. Unde fit, ut aliter de temporis notis, quas addit, inter se pugnantibus[1]*, aliter de ipsarum rerum gestarum, quas refert, fide iudicandum sit. Errores hos non emendare, sed infra indicare nostrum habuimus. Ne vero alienis bonis gloriemur, maximam annotationum partem operibus, quae 'Jahrbücher des fränkischen Reichs' intitulantur, regestisque Karolinorum a Sickel et Mühlbacher compositis nos debere libere profitemur.*

Berolini, d. 1. Martii 1886.

S. LOEWENFELD.

---

1) *Cf.* Sickel, *Acta Karol.* II, p. 368; Oelsner, *'Pippin'* p. 24, n. 3: 'Es ist auffallend, dass ein Autor, der so gern rechnet, so schlecht rechnet'.

INCIPIUNT GESTA SANCTORUM PATRUM FONTANELLENSIS COENOBII.

1. Igitur ab almificae memoriae patre nostro ac omni honorificentia nominando egregio Christi domini sacerdote Wandregisilo, qui et Wando, priscorumque patrum titulis non mediocriter coaequando, ut imperata postulant, initium orationis incipiam, videlicet ut, a quo exordium nostri coepit coenobii, ab ipso etiam nostrae orationis sumat initium. Omissis videlicet conversationum ac magnarum virtutum operibus, quae in prolixioribus de eo gestis [1] olim memoriae mandata sunt, nunc brevi oratiuncula, ne legentium fiant oculis onerosa, ea tantum quae de eius clara origine seu moribus honestis ac conversatione angelica comperta habemus, aut qualiter hoc Fontanellense coenobium aedificaverit, quotque in eo annis[a] fecerit, quo etiam tempore vel sub quibus principibus, agone expleto, gloriosissimam victoriam potentissimo Christi sub auxilio reportarit, huic operi inserenda esse credimus.

Hic nempe vir Domini, ut breviter nonnulla perstringam, ex nobilissimis Francorum ac ditissimis natalibus oriundus, territorio Vereduni castri, nobiliorem se splendidae vitae moribus ac castae conversationis exemplis insignem exhibuit. Huius [2] genitor Waltchisus nuncupatus nomine, ut veracium didicimus traditione seniorum, patruus gloriosissimi Pippini ducis Francorum, filii Anschisi[b], extitit. Denique idem vir Domini, adolescentiae dum polleret aetatis in annis atque in aula gloriosissimi regis Dagoberti nobilissime militaribus

a) *correctum ex* annos *c.*   b) *litterae* Ans *in rasura scriptae.*

1) *Edita ap.* Labbe, *Bibl. nova mss. I, p.* 784 *sqq.:* Mabillon, *Acta SS. ord. S. Ben. saec. II, p.* 526 *sqq.;* Acta SS. Iul. V, *p.* 265 *sq.;* Arndt, *'Kleine Denkm. aus d. Merovingerzeit' p.* 29 *sq.;* Vita secunda, *Mabillon l. l. p.* 534 *sqq., ex priore, quam ut monachum sibi de sancto Wandregisilo referentem introducit, ex Gestis nostris,* Vita s. Columbani, Gestis Waningi *et* Ansberti *conflata, in iis quae propria habet, e. g. itinere Romano cap.* 10, *nullam fere fidem meretur. Unde et praefationem ad Lantbertum abbatem fictitiam esse patet. Cf.* Arndt *l. l. p.* 25, *fusius probantem, auctorem Vitae secundae inter alia etiam Gesta nostra exscripsisse.*   2) *Huius — extitit probabiliter ex Genealogia Carolin., SS. II, p.* 309. *Cf. commentationem meam in 'Forschungen' l. l.*

negociis ac aulicis disciplinis educaretur, ab eodem rege
comes palatii constitutus, ac deinde ducatus offitio mancipa-
tur [1]. Deinde parentum hortatu, licet invitus, uxorem duxit.
Qua post paululum unanimi castae voluntatis voto relicta,
comaque capitis deposita, clericus effectus, spretis omnibus,
angustum ingressus est callem brevi tempore finiendum.
Igitur ad locum qui vocatur Mons-falconis[2] secedit,
cuidam magnarum virtutum viro, cuius nomen[3] modo memoriae non occurrit, adherens, plurimumque temporis cum eo
conversatus, innocentis vitae admirabilis cultor comprobatur.
Inde a rege praefato accersitus atque ad regiam domum
properare iussus, pro habitus mutatione increpatus primo,
sed post honorifice prosecutus, sicque cum regia auctoritate reversus, quodam in loco cellulam suae vocationi condignam aedificavit, aliquantum temporis in ea degens. Ibi
namque actibus ac sacrae doctrinae verbis exornatus, ceu
lampas refulgebat accensa. Exinde ob gratiam vitae contemplativae egrediens ac visitatione locorum sanctorum
summum habens desiderium, veluti apis prudentissima flo-
sculos diversi generis carpere satagebat, ut dultia post ca-
peret[a] mella. Denique Alpium iugis[b] transcensis[c], laetus-
que peregrinationem aggressus, cum tribus pueris et asello
Italiam ingreditur atque ad Bobiense coenobium, sicuti
revelatione didicerat, accedit. Quod beatus pater Colum-
banus Scottici generis, olim a Teoderico rege[4] Gallia ex-
pulsus atque ab Agilulfo Langobardorum rege Italia honorifice susceptus,
eius permissu aedificaverat.

(4) Hoc coenobium beatus pater Wandregisilus adiens, quod
a discipulis praefati patris Columbani tunc incolebatur, causa
hospitalitatis ac vitae artioris explorandi semitam aliquandiu
ibidem commoratur. Ex eo loco exemplis vitae innocentis
instructus egrediens, Galliarum terras repetit atque monasterium quoddam cuius vocabulum Romanis est[5] citra sal-
tum Iurensem constructum adit ibique sub institutione regulari multum temporis nobilissime Deo militavit. Eo deinde
loco deserto, cognita vita atque fama magni praesulis Audoeni, qui tum temporis sedem urbis Rotomagensis adeptus,
verbum immortalitatis suis civibus amministrabat fideique
catholicae fautor pariterque praeceptor barbaricas ac indoma-
biles eorum mentes nectare euangelicae doctrinae debriabat*
sedulisque exhortationibus Christum dominum Deum esse
colendum monstrabat, ipsum adiit, summaque cum reverentia
a praefato venerabili antistite susceptus est, secumque ali-

*) Edd. add.: atque gnaram bene credere gentem docebat.

a) inter a et p littera una erasa est, sine dubio r.   b) iugas, sed littera a rasa est c.
c) transcensus radendo corr. transcensis c.

1) Quae hic de comite palatino et de ducatus officio narrantur, auctor
secundae Vitae ex nostro exscripsit. Cf. etiam versus, quos citat Bethmann
'Archiv' VIII, p. 374.   2) Montfaucon, dioec. olim Virdunensis.   3) Walt-
fridus in secunda Vita audit.   4) II (a. 595—613).   5) Mabillon et
Bollandistae monasterium S. Romani i. e. Condatescense (St.-Claude),
Pertz vero rectius Romans-münster, Romainsmoutier intellegendum esse
censuerunt; vide Arndt l. l. p. 25.

quandiu in urbe tenuit. At vero ipse egregius Domini cultor districtiorem desiderans vitam heremi secretis ducere mundanosque fugiens semper honores, ut cum rege Christo caelestes posset habere gazas, licet renuens^a, ab antefato coangelico episcopo presbiteratus est ordine consecratus. Deinde hortatu praefati praesulis ac possessionem terrae largiente Erchinoaldo, praefecto domus regiae Hlodovei iunioris 1 regis, filii Dagoberti gloriosissimae memoriae, hoc Fontanellense coenobium una cum venerando nepote suo Godone novo opere construxit 2.

Erat autem sepedictus Erchinoaldus maior domus regiae insignis bonitate ac elemosinarum largissimus. Qui post transitum bonae recordationis saepe fati Dagoberti regis praefecturae ordinem ac curam maximam regni Francorum etiam cum filio eius Hlodoveo et Bathildę regina nobiliter amministravit 3. Sub huius Hlodovei regis tempore praefatus patritius possessionem quae vocatur Bothmariacas 4, quam nuper a quodam homine Rothmaro per venditionis titulum emerat, locumque ad coenobium construendum situm prope civitatem Rotomagensem quindecim milia, in valle amoenissima, saltu cuius vocabulum est Gemmeticus 5 undique *circumdatum — in quo saltu etiam aedificatum est coenobium a beato Filiberto quod vocatur Gemmeticum — per venditionis titulum Godoni contradidit. Quo etiam tempore fundamenta eiusdem exordium aedificationis sumpsisse probantur. Sed ista de exordio illius praelibavimus, nunc de situ ipsius pauca videamus.

Situs quippe eiusdem coenobii huiusmodi fertur esse. A tribus enim plagis, id est a septentrionali, occidua atque australi, montibus arduis ac frugiferis bachique fertilissimis silvisque est obsitum condensis. Ab oriente item habet fontem uberrimum, qui ab ortu suae manationis per^b spatia passuum plus minusve mille trecentorum manat, sicque cursu suo expleto, in alveum Sequanam influit ad meridiem eiusdem coenobii plagam. Ab occidente item fluvius illic^c est mirabilis in aquilonali eiusdem coenobii plaga ab imo progrediens atque in meridiana Geon praedicti alvei profunda se demergens. Inter haec duo mirabilia flumina 6 prata eiusdem coenobii sunt amoena atque irrigua. Quae admirabilis Wandregisili atque venerandi patroni nostri sollertia inutilia quaeque ablata virecta militumque Christi eiusdem Fontanellensis coenobii degentium sudore solo coaequata, eorum-

a) rennuens *corr.* renuens *c.*   b) *inter* per *et* spatia *unius verbi lacuna.*   c) illi, sed ultimum i *in rasura c.*

1) *Ab a.* 639. *ad a.* 657.   2) *Cf. Vit. S. Wandreg. c.* 13.   3) *Fredegarii chron. c.* 84. *et* 91.   4) *Auctoribus Galliae Chr. XI, p.* 156 *melius videtur legendum 'Rothmaricensem' ex Rothmari nomine dictum.*   5) *Jumièges.*   6) *Quae hodie dicuntur Fontenelle et Rançon.*

dem necessitatibus aptissima sunt reddita. Ab austro item maximus fluviorum Geon, qui et Sequana, commertiis navium gloriosus, habundantia piscium praestantissimus, distans ab eodem coenobio passus 805. In quo scilicet fluvio ex infinito oceano sive mari Brittannico bini aestus diei nocturnove tempore sibimet invicem compugnantes occurrunt, ut versa vice alveus potius retrorsum converti quam ad ima videatur fluere. Talique cum impetu tempore[a] malinae accedunt, ut super milia quinque vel eo amplius et sonitus murmuris eius humanas repercutiat aures et aspectibus intuentium ceu farus altissime limpham eiusdem penetret alvei. Talique impetu per meatus praedictorum duorum fluminum perque prata illis contigua ceu Nilus Aegyptiacus per spatia passuum plus minusve octingentorum ad murum eiusdem accedunt coenobii, finitoque conflictu, in oceanum refusi, unde venerant, revertuntur. Locus autem ipsius coenobii tam fertilis tamque iocundus existit, ut, cum quis illuc advenerit, inter pomorum nemora et amoena virentia in haec protinus libeat ei prorumpere verba: *Quam pulchra tabernacula tua, Iacob, et tentoria tua, Israhel! Ut valles nemorosae, ut horti iuxta fluvios irrigui, ut tabernacula quae fixit Dominus quasi cedri propter aquas.* Erat namque isdem locus, in quo ipsum Fontanellense coenobium noscitur aedificatum, veprium asperitate ac spinarum densitate virectorumque inutilium ac paludum immensitate inaccessibilis. In quo magis latibula latronum ac lustra ferarum quam abitatio videbatur hominum. Hunc locum sanctus Wandregisilus ac antefatus ipsius nepos Godo a praedicto patritio sibi indultum studuerunt cum aliis nonnullis militibus Christi primo cum precibus orationibusque a pristina flagitiorum sorde purgare ac inutilia quaeque evellendo proicere, demumque fundamenta coenobii iacere, ut iuxta prophetiam Isaiae: *In cubilibus, in quibus prius habitabant dracones, oriretur viror calami ac iunci,* id est fructus bonorum operum ibi nascerentur, ubi prius bestiae commorari vel homines bestialiter vivere consueverant. Coeptum est autem hoc opus ab anno dominicae incarnationis 645.[b] sub die Kalendarum Martiarum, indictione tertia, aevo tertio, qui erat annus Hlodovei iuvenculi praefati regis undecimus, pontificante sedem Romanae aecclesiae anno 7. summo praesule beatissimo papa Martino [1], porro[2] Constantino tertio Romani imperii apicem gubernante

a) tempus *c*.   b) XLV *in rasura c*.

1) *Sedit a*. 649—653 (655).   2) *Annorum significationes mirum in modum inter se pugnantes emendare non audemus. Notandum vero est, annum* 11. *Chlodovei II. et a.* 10. *Constantis imperatoris in a.* 650. *convenire. Cf. etiam Arndt l. l. p.* 26.

anno 10ᵃ·¹. Quod tam sollerti studio summaque industria perfectum est, ut pene illo in tempore Galliae Belgicae seu Neustriae terris singulare esset. Aedificavit² ergo praefatus ammirabilis pater in eodem (7) loco basilicam in nomine beatissimi principis apostolorum Petri, quadrifido opere ducentorum nonaginta pedum habentem in longitudine, porro in latitudine triginta septem. Alteram denique in honore doctoris gentium, beatissimi vasisᵇ electionis Pauli, mirandi operis. Tertiam namque in veneratione clari martyris Christi Laurentii. Misit autem isdem venerandus pater, dum huic operi insisteret, antefatum nepotem suum Godonem ad urbem Romuleam propter pignera beatorum apostolorum ac martyrum Christi, ut, aedificatas basilicas³, in promtu haberet reliquias quas imponeret. Qui votis pii *patris libentissime parens, Alpium iuga tran- *p. 271. scendens, Romam abiit, Vitaliano papa⁴ eodem tempore pontificante sedem eiusdem aecclesiae, atque acceptam maximam reliquiarum copiam apostolorum ac martyrum Christi, quas etiam dinumerare longum est, rediens secum detulit, necnon et volumina diversa Sanctarum Scripturarum veteris ac novi testamenti maximeque ingenii beatissimi atque apostolici papae Gregorii. Quae omnia isdem venerandus ac cum omni honorificentia nominandus pater Wandregisilus venerabiliter suscepit; accersito etiam praesule Rotomagensis aecclesiae Dadone, praefatas aecclesias, quas aedificaverat, ut consecraret simulque pignera quae antefatus Godo cum eius auctoritate Romaeᶜ petierat Christi imponeret aris, supplex exorat. Quod ita a praefato praesule ut petierat impletum est. Diligebat autem illum isdem pontifex dilectionis fervore eminentissimo, ita ut frequenter ab urbe egrediens eum viseret ac dulcia colloquia cum eo haberet, dignaque Deo consulta uterque susciperet, pontifex videlicet clarus ab egregio presbitero ac agonista perspicuo, isdemque Christi miles a gloriosissimo praesule. Monstrantur usque hodie lecta eorundem Christi militum ac preciosi Filiberti Gemmeticensis coenobii patris in destina⁵ quadam iuxta basilicam almi confessoris Christi Amantii Rotenensis quondam civitatis praesulis, in quibus sancta menbra post almificam collationem quieti dare consueverant, necnon et humillimae sellae, quibus consedere inter sacrae collocutionis verba soliti erant. Quorum denique oratio non alia erat quam de regno

a) *numerus in rasura alio, ut videtur, atramento positus c.;* 4. edd.   b) vas c.   c) Romam c.

1) *Constantinus III. Heraclius a.* 610—641, *Constans II. a.* 641—668.
2) *In sequentibus perpauca ex Vitae Wandreg. c.* 14. *et* 13. *inserta sunt, reliqua in Vita I. non reperiuntur.*   3) *i. e.* aedificatis basilicis, *ut manus posterior in codice radendo correxit.*   4) *A.* 657—672.   5) *camera.*

Dei, de paradisi deliciis et de gehennae suppliciis, de iustitia quoque, de fide et caritate ac patriae salute simulque pace omnibus praedicanda mundique illecebris respuendis. Est autem haec sacra aedicula haud procul a praefato Fontanellae coenobio sita, mille sexcentorum passuum ad plagam distans meridianam. Hanc isdem clarissimus pater, quodam diacono suo atque monacho nomine Sindardo pignera praefati confessoris Christi Amantii de Rotena [1] urbe deferente, in qua ipse quiescit humatus, aedificavit.

(8) Sed quia de situ loci et adventu viri sancti aliqua tetigimus, oportunum videtur, ut, qualis fuerit antiquitus locus, cuiusve[a] ante accessum[b] illuc servorum Christi[b] possessio, plenius[b] intimemus. Erat namque possessio cuiusdam hominis nomine Rotmari, quae largitione regis Dagoberti [2] sibi indulta fuit. Cuius auctoritas largitionis adhuc in scriniis privilegiorum nostri coenobii conservata tenetur. Acta fuerat anno 15. praedicti principis, 4. Nonarum Martiarum die, Compendio [3] palatio regio. In ipsa namque largitione continetur, quod praefatus Rotmarus locum Rothmariacensem [4] praecidendo, indultu regio habitabilem reddidit; molendinum quoque super fluvium Fontanellam, priscorum accolarum neglectu in ruinam positum, novo opere reaedificaverit. Defuncto autem Dagoberto rege, post annos decem et novem idem Rotmarus Hlodoveum regem iuvenculum, filium supradicti principis, adiit, uti suam iuberet patrari donationem et patris sui confirmaret auctoritatem de locis praedictis sibi concessis; quod ita ut petierat impletum est. Statim denique a Radone, scriptore regalium privilegiorum geruloque anuli regis, edita est* iussu regis et *reginae, ut ex sua in-

*) *Dach. add.*: iussu eiusdem regis et matris suae Nanthildae, quae cum eo regnum tenebat, auctoritas confirmationis, ut veluti patris sui tempore, ita in postmodum ex sua indulgentia perenniter valeret possidere. Edita est haec confirmatio pridie Nonas Februarias, anno primo praefati regis, Nantoilo palatio, et directa Teutgislo domestico et custodi saltuum villarumque regalium necnon et Radulpho comiti Rothomagensi, ut licitum foret ipsi Rothomaro easdem res quieto ordine possidere; nam et ipsa auctoritas in hoc coenobio adhuc servatur. Acta est prima largitio a Dagoberto rege ipsi Rothmaro anno circiter trigesimo ante adventum beati patris Wandregisili in hanc regionem. Defuncto autem Rothmaro, remansit filius eius Amantius in pueritiae vel adolescentiae annis. Quo tempore Erchinoaldus maior domus regiae a praedicto Airamno commutavit supradicta locella, data eidem in territorio Veliocasino alia pro ipsis, unde pater eius Rothmarus carnis ori-

a) cuiusve — plenius *in marg. suppl. c.*   b) ssum, Christi *(pars litterae X adhuc restat)*, us *a bibliopego abscisa c.*

1) *Rodez.*   2) *I, a.* 623—639.   3) *Compiègne.*   4) *Cf. supra* p. 13, *n.* 4.

dulgentia iugiter teneret. Edita est haec confirmatio pridie Nonas Februarii. Nam et ipsa auctoritas in hoc coenobio servatur. Defuncto autem Rotmaro, remansit filius eius Airamnus in pueritiae annis. Quo tempore Erchinoaldus maior domus regiae a praedicto Airamno commutavit supradicta locella, data eidem in territorio Veliocassino alia pro ipsis, unde pater eius Rotmarus carnis originem duxit. Beatus quoque Wandregisilus a praedicto patricio sub titulo pretii eadem locella adeptus est. Edita fuit anno 12. saepefati regis Compendio palatio regio die Kalendarum Martiarum, congregatis Francorum populis in campo Martio, ubi omnibus annis conveniebant, veluti omnibus notum est [1].

2. Gesta Baini episcopi et rectoris Fontanellae.

Bainus episcopus de civitate Tyroanda [2], quintus ab almifico * Wandregisilo, regimen assumpsit coenobii ab anno videlicet septimo Hildeberti [3] regis Francorum et 13. Sergii papae [4] **. Hic namque Bainus episcopus inter innumera

ginem duxerat; quorum nunc nomina memoriae non occurrunt. Sequenti quoque tempore beatus Wandregisilus et nepos eius, venerabilis vir Godo, praedicto patricio sub titulo pretii eadem eis locella largiente et Domino cooperante, adepti sunt sub anno undecimo praedicti regis, die Kalendarum Martiarum, indictione . . . Acta erat in Compendio palatio. Dehinc anno subsequenti et petita et acta est confirmatio praefati regis super eisdem locellis porrectaque a Radone scriptore auctoritatum regiarum geruloque anuli regii praedictis patribus strenuis. Edita fuit anno duodecimo saepefati regis Compendio palatio regio Kalendarum Martiarum die, congregatis Francorum populis in campo Martii, ubi omnibus annis convenire soliti erant, veluti omnibus notum est.

*) Edd. add.: ac cum omni honorificentia nominando protectore nostro clarissimo sacerdote.
**) Edd. add.: usque ad decimum quintum eiusdem regis annum et Iohannis apostolici [5] secundum, qui fuit octogesimus octavus a Petro apostolo, exarchatus [6] autem Pipini, filii Ansegisili, 21, dominicae autem incarnationis 706, indictione 4, per annos novem. Sub huius denique tempore praefatus Pipinus gloriosissimus dux Floriacum coenobium una cum nobili coniuge sua Plectrude aedificat, quod situm est in pago Veliocassino [7], anno nono Hiliberti [a], qui erat exarchatus sui annus vigesimus tertius, dominicae autem incarnationis septingentesimus octavus. Ipsumque Bainum rectorem ibi praefecit plurimamque turbam monachorum adunavit. Ipsum autem monasterium huic coenobio contradidit. Occasioni autem aedificationis praefato coenobio idcirco fuit, quoniam isdem prin-

a) ita ed., etiam supra in textu.

1) Ultima vitae et obitus s. Wandregisili in Vita c. 14—21. leguntur. Post eum floruerunt abbates Lantbertus, Ansbertus et Hiltbertus, quorum gesta hic excidisse, non recte putabat Pertz. Cf. commentationem meam l. l. Edita est Vita Lantberti a Mabillonio in Actis SS. III, 2, p. 462. et Vita Ansberti ap. eundem II, p. 1048. 2) Térouanne. 3) III. ab anno 695, Mart. 4) I. a. 687—701. 5) VII. a. 705—707. 6) i. e. maioratus domus regiae. 7) Fleury in pago Vexin.

bonitatis suae opera quae gessit etiam corpora sanctorum Wandregisili, Ansberti atque Wulframni in aecclesiam beati ceps per invidorum consulta admirabilem Ansbertum de sede Rothomagensis ecclesiae expulerat atque ad exilium direxerat, in quo isdem agonista divinus ad aeternam migraverat requiem. Cumque praefatus princeps multas sanitatum virtutes audiret ab eo fieri, reminiscens culparum suarum, ob eiusdem militis Christi amorem ac reverentiam, simulque ut indulgentiam mereretur accipere, hoc coenobium aedificavit unaque cum omnibus rebus suis huic coenobio Fontinellae perpetualiter tradidit possidendum. Sed de hoc monasteriolo, qualiter in potestatem ipsius gloriosissimi ducis Pipini redactum fuerit, declarabo.

(2) Hic namque locus possessio fuerat antea cuiusdam illustris viri cui nomen erat Fraericus, qui ipsum Floriacum, licet modico opere, in suo proprio a fundamentis construxit in honorem sanctae Annae, sancti Petri et sancti Aniani, et xenodochium decem pauperum ibi constituit; ubi largitus est duas partes de ipso Floriaco, similiter de villa alia quae dicitur Salcidus, et Garnapium [a] qui dicitur Fuscinocurte, et de Fontanido tertiam partem, necnon et alia praedia. Quod actum esse constat sub anno quinto regnante Theoderico rege. Sequenti quoque tempore, dum Pipinus princeps singularem Francorum principatum obtinuisset, superato [b] Theoderico rege et Berhario maiore domus, saepedictus Fraericus praedictum Floriacum eidem contradidit, ea videlicet ratione, ut in maiori elegantia ipsum locum sublimaret ac monachorum congregationem ibidem constitueret; quod ita et factum est. Denique evocatum ipsum venerabilem patrem idem princeps hoc coenobium aedificare iussit rectoremque constituit, sicut in largitione, quam de ipso locello huic monasterio edidit, scriptum fore constat. Sic enim inter caetera insertum illic reperitur: *Ubi constituimus virum strenuum et Dei cultorem domnum Bainum ipsum rectorem monasterii Fontinellensis, ea videlicet conditione, ut ex praefato monasterio Fontinella post recessum eiusdem Baini ipsi monachi in ipso Floriaco coenobio consistentes omni tempore rectores et gubernatores habeant et sub eorum ditione nostris et futuris temporibus permaneant et sub nostra ac heredum nostrorum defensione ipsa loca perenniter tuenda consistant.* Actum est anno duodecimo regnante Hildeberto [1] rege. In quo conventu interfuit idem gloriosissimus princeps et nobilis coniunx eius Plectrudis filiique *eorum Drogo et Grimoldus, Grippo et alii plurimi nobiles viri. Largitus est autem anno Hildeberti regis nono ibidem villam cuius est vocabulum Taricinus, quae sita est in pago Belloacensi [2], ipso die tertio Nonarum Martii, indictione secunda [3].

Anno vero undecimo praefati regis Walmonem villam, quae sita est in pago Belloacensi, et Luciniacum in territorio Vilcasinensi eidem delegavit coenobio sub die decimo Kalendarum Novembrium [4].

Anno decimo tertio praefati regis contulit ipsi coenobio idem inclytus dux villam cuius est vocabulum Mala, sitam in pago Madriacensi [5], die 15. Kalend. Augusti, feria quinta, indictione sexta [6].

Eodem anno praefatus gloriosissimus dux Gamapium [7] villam, quae sita est in pago Vilcasino, contradidit ipso die Idus Aprilis, feria quinta, indictione sexta [8].

a) Gamapium corr. in marg. Dach.   b) sub fato Pertz.

1) *Hilderico* corr. *in marg.* DACH.   2) *Le Beauvaisis*.   3) *Cf. Mühlbacher, Reg. Imp. I, nr.* 11.   4) *Ib. nr.* 12.   5) *Madrie*.   6) *Cf. Mühlbacher nr.* 19.   7) *Gamaches*.   8) *Mühlbacher nr.* 18.

principis apostolorum Petri de basilica sancti apostoli Pauli transtulit. Et posuit quidem beati patris Wandregisili in medium, magni vero praesulis Ansberti ad levam et gloriosi pontificis Vulframni ad dexteram partem in absida eiusdem basilicae ad orientalem plagam. Facta est haec sancta translatio anno dominicae incarnationis 704 [a], indictione secunda, pridie Kalendarum Aprilium die, feria secunda. Nam sollemnitas sancti paschae tertio Kalendarum Aprilium tunc extitit [1], qui erat annus decimus regis gloriosi Hildeberti, porro Iohannis papae, qui octogesimus quintus [b] a beato Petro Romanam rexit aecclesiam, annus primus, Baini denique patris praedicti annus quintus, ex quo regiminis assumpserat curam istius coenobii. Eodem vero in loco, quo beatus Wandregisilus in praedicta sancti Pauli apostoli requieverat basilica, beatum Erembertum episcopum posuit, qui antea in inferiori loco eiusdem aecclesiae subter arcubus tumulatus, annos plus minusve triginta tres requieverat, die trigesimo post translationem praedictam, condiditque super eum repam [2] argenteam decoratam. Requievit igitur beatus Wandregisilus in eadem sancti Pauli basilica annos circiter quadraginta; inclitus autem praesul Ansbertus annos 11 [c], sanctus vero archiepiscopus Vulframnus annos 9 [d]. Qui ita inventi sunt cum vestibus suis a corruptione illesi, quasi eadem die fuissent sepulturae traditi. Nam, sicuti ministrare sanctis altaribus consueverant, ita etiam tumulati fuerant.

Huic ammirabili praesuli largitus est praefatus Hildebertus rex villam quae vocatur Alpicum [3], quae sita est in pago Pinciacensi [4] super alveum Sequanam, una cum adiacentiis suis, Novitianus, Curbavia, Albachahan, Nido, Tremlido, cum illis forestariis quinque, anno decimo regni sui, qui erat dominicae incarnationis septingentesimus quartus, indictione secunda, decimo tertio Kalend. Novembris, feria secunda.

Anno 11. eiusdem regis quidam homo Leutbrandus portionem aliquam de villa quae vocatur Pausas largitus est in pago Ebroicino [5].

Anno undecimo iam suprascripto praefatus exarchus dedit eidem monasterio villam cuius vocabulum est Ecclesiola, sitam in pago Ebroicino, Kalend. Martiarum die, indictione 4, feria quarta [6]. Bannagam insulam anno decimo regni sui idem Hildebertus rex praefato praesuli Baino et eidem coenobio contradidit.
Anno duodecimo eiusdem regis praefatus princeps Pipinus Fontanidum villam ipsi coenobio largitus est.

a) IIII *in rasura c.*   b) *alia manu atramentoque alio suprascr. c.*   c) XI *in rasura c.*
d) IX *in rasura c.*

1) *Recte.*   2) *Umbraculum.*   3) *Le Pecq (dép. Seine-et-Oise).*   4) *Le Pincerais circa Poissy-sur-Seine.*   5) *L'Évrecin.*   6) *Cf. Mühlbacher nr. 13.*

Anno 7. Erchenulphus similiter de villa quae dicitur Ulmosus. Anno 12. praefati regis Gressus villam in pago Tellau [1] Ordanis contulit. Anno 11. Sicboldus Taunacum villam in pago Tellau contulit. Obiit autem idem episcopus Bainus duodecimo Kalendarum Iulii.

3. Gesta Benigni abbatis, patris coenobii Fontanellensis et Flaviacensis.

Benignus igitur diaconus et monachus, a patre nomine Maurino aeditus matreque Inga, ordinationem assumit coenobii ab anno sexto decimo Hildeberti *regis, qui erat annus tertius Iohannis papae supra iam taxati, dominicae vero incarnationis septingentesimus septimus, indictione 5ᵃ. Tenuit huius monasterii curam pastoralem per quatuordecim curricula annorum. Anno autem ab incarnatione domini nostri Iesu Christi septingentesimo decimo sexto iussu Raganfridi maioris domus, sive potius, quod verius est, tiranni, de regimine monasterii proicitur, et Wando monachus, filius Baldrici, eius in loco subrogatur per annos tres. Eodem denique anno venit Ratbodus dux Fresonum navali ordine usque Coloniam urbem. Contra quem Karolus, sagacissimus exarchus, bellum instauravit. Sequenti quoque anno, id est dominicae incarnationis septingentesimo decimo septimo [2], indictione decima quinta, actum est bellum plus quam civile inter Karolum exarchum et Ragenfridum intartam [3] in die dominica in loco nuncupante Vintiaco, duodecimo Kalendarum Aprilis [4], dies quindecim ante solemnitatem sancti paschae; qui erat primus [5] annus Gregorii secundi papae, qui nonagesimus primus a beato Petro apostolatum eiusdem tenuit urbis. Nam in praefato praelio Wando cum Raganfrido et Hilperico rege interfuit. Benignus vero partibus Karoli favebat. Cumque post peractam caedem Raganfridus cum Hilperico fugam arripuisset, tandem post multiplicem fugae lapsum ad Noviomum [6] huius nostrae aecclesiae villam perveniens, Wandonis equum, quem ibi in pasto constitutum reperit, extemplo assumpsit atque cursu rapido ad portum

a) V̇ c., sed 1 aliena manu suprascriptum est.

1) *Le Talou ad fluvium Evram; vide Le Prévost l. l. p.* 236. 2) *Anno* 719. *hoc evenisse, putat Breysig, 'Jahrb.' p.* 31, *n.* 8, *quia Benignus abbas, anno* 723. *mortuus, per quatuor annos post fugam Raganfredi abbatiae regimen tenuisse narratur. Animadvertendum vero est, auctorem nostrum male computasse, ut videbitur etiam infra c.* 13. *et* 15. 3) *i. e. rebellem.* 4) *Ex Ann. deperd.; cf. Chron. Moissiac. et Vedast. et Fredegarii cont. c.* 106. 5) *Haud recte, pontificatus enim Gregorii a.* 715. *m. Maio inchoabat.* 6) *Noyers, dép. Eure*(?)

qui vocatur Devenna [1] penetravit. Illic namque transmisso Sequana, ad Andegavis urbem aufugit; insequebatur enim a Karoli satellitibus. Cum vero comperisset Karolus a sibi dicentibus, quod scilicet Raganfridus per equum Wandonis aufugisset, iussit eum ilico de coenobii huius regimine proici et in Traiecto castro exilio trudi, quod antiquo gentium illarum verbo Viltaburg, id est oppidum Viltorum, vocabatur, nunc vero lingua Gallica Traiectum [2] nuncupatur. Bedae Hist. eccl. V, 11. Benignus denique rursum regiminis huius coenobii sortitur gradum per annos quatuor, id est usque ad annum Theodorici iunioris regis tertium, qui erat dominicae incarnationis septingentesimus vicesimus tertius. Huius Benigni abbatis propinquus sanctus Gennardus vicedominus aecclesiae Ratumagensis et abbas coenobii Flaviacensis [3] extitit. Qui post recessum ipsius Gennardi Flaviacensis coenobii effectus est rector.

4. De Milone reclauso.

Sub huius denique amministratione quidam paterfamilias nomine Hrotmundus ob gratiam vitae contemplativae mundani fugiens culmen honoris, ad conversionem venit, ac filius suus nomine Milo; amboque comam capitis sibi deponentes, effecti sunt milites Christi. Sed postea Milo licentiam expetiit a praedicto patre Benigno, ut licitum sibi foret anachoritarum more solitariam vitam ducere. Deinde vero ad locum accedens qui hodieque Milonis-cripta per metonimiam dicitur, in rupe altissima super ripam alvei Sequanae, rupem eandem excidens, mansiunculam sui voti condignam sibi instituit, quae viginti homines fere capere videtur, ibique aereas daemonum turmas fortissimo Christi umbone repellens [4] infatigabiliterque agonizans, feliciter Domino militavit. Mater vero eius nomine Wisla, mater Logensis [5] coenobii in sacro proposito effecta, quae praecipua fuerant in eodem monasterio ornamenta ipsa tribuit necnon et praedia plurima adquisivit. Praefatus vero Hrotmundus ac religiosus famulus Christi Milo tempore conversionis suae largiti sunt huic coenobio patrimonia duo, id est Offiniacas et Bettonis-curtem, sita in pago Tellau, anno videlicet tertio Dagoberti iunioris regis, qui erat Pipini senioris ducis vigesimus sextus, incarnationis autem domini salvatoris nostri Iesu Christi septingentesimus tertius decimus. Erat enim praefatus miles Domini Milo presbiteratus ordine, quem bonis clarisque actibus adornabat, decoratus. Habebat namque sub rupe illa aec-

1) *Fortasse Pont de l'Arche.* MAB. 2) *Utrecht.* 3) *St. Germer de Flaix, dioec. Bellovacensis.* 4) *i. e. daemonum tentationibus resistens.* 5) *In dioecesi Rothomagensi, in loco Caudebequet.*

clesiam constructam, in qua hostiam victimae salutaris Domino immolabat. Usque hodie vero cernuntur vestigia eiusdem aedificii, in quo basilica illa constructa fuit. Monstrantur nunc usque arbusta in latere montis eiusdem rupis ac vitiferae arbores, quas ipse propria manu terrae inseruit, necnon et plantae seu vites vineae, quam ipse plantavit ac, dum *ibi philosofaret, excoluit. Secundum dictum namque psalmistae laboribus manuum suarum vivere satagebat, ut ei bene esset ac finito mundi cursu videret bona in Iherusalem. Idcirco autem de eo ista temptavi memoriae mandare, quoniam de eo multiplex opinio bonae vitae per plurimos ad me perlata est. Audivi nempe narrantem quendam venerabilem senem, qui ab eo didicit, qui ipsum Milonem multo tempore vidit, quod fuisset statura procerus vultuque angelicus, calvitiem habens capitis venerandam. In ipsa namque cripta bonis operibus insistens ac retruso ordine vitam irreprehensibilem gerens, mentem ad caelestia desideria semper intendens, pauperiem valde gaudens, ibidemque praesentis vitae debitum complens, spiritum Deo reddidit felicitati perhenni coniungendum. Cuius corpus in aecclesiam beati apostoli Pauli advectum sicque sepulturae est traditum. Ferunt namque nonnulli, quod ante portam Logensis coenobii se iussisset tumulari, atque ibidem humatus teneatur; sed ut ego a veracibus senioribus didici, commodius fore arbitror, ut ubi monachus extitit illic etiam sepultus teneatur. Credo tamen, quod, ubicumque ossa requiescant, anima fruatur gaudiis aeternis. Haec quidem, veluti auditu didici ac in scriniis privilegiorum nostri coenobii repperi, de Milone reclauso seu anachorita dicta sufficiant.

5. De sancto Baga presbytero.

Oportunum praeterea videtur, ut in loco hoc quae a pluribus venerabilibus viris de bonae recordationis Baga huius coenobii monacho ac presbitero didici, quoniam sub huius patris regimine ad Dominum migravit, inserere non omittam. Hic etenim sanctae conversationis vir ex Brittannia[a] oceani insula, Saxonico ex genere ortus, hoc advenit coenobium ac plurimum temporis regulari ordine vitam inreprehensibilem gessit. Ita namque in omnibus mandatis divinis se exercere satagebat, ut cunctis Christi famulis hoc in coenobio consistentibus imitandus appareret. Itaque explicitis dierum suorum curriculis, quo iam [in[b]] aulam cae-

a) *manus sec. XIV. suprascr.:* que nunc est Anglia. b) *deest c.*

lestem dignus reciperetur heres, parvo[a] aegritudine correptus decubuit; nec multo post corpore soluta anima, perhenni particeps factus est felicitati. Contigerat denique[b], in ea hora qua ipse Christi famulus rebus excessit humanis praedictum egregium patrem Benignum in aecclesia orationi secretius insistere. Tunc unus ex ministris concito gradu eundem patrem adiit fundentemque Domino preces solo prostratum in aecclesia repperit; cumque diutius in precibus persisteret, isdem minister propius accessit, extemploque praedictus pater indicare sibi aliquid velle persensit; surgensque ab oratione, sciscitatur, quid quaereret. At ille: 'Frater', inquit, 'Baga consortiis subtrahitur humanis'. At venerabilis pater, longa ex imo pectoris trahens suspiria, talia infit: 'O signifer fortissime Christi militiae Baga, nunc mercedem laborum laetus exceperis tuorum; deprecare Ihesum benignum dominum, ut una tecum mereamur gaudere consortiis iustorum per evum'. Unde haud dubium est, eidem patri divinitus, cum oratione[c] assisteret, revelatum fore, ut spiritum illius caelos penetrantem aliqua ex parte mereretur aspicere, qui ita auxilium ipsius flagitabat in prece. Denique more mortuorum compositus, digno in loco sepulturae mancipatus est. Magna enim copia in huius patris amministratione nobilium virorum hoc in coenobio extitit.

6. De Arlauno silva.

Huic Benigno abbati largitus est Dagobertus rex iunior quartam partem de Arlauno[1] foreste, anno quinto regni sui, suggerente Teodaldo[2] maiore domus regiae, per loca designata, id est per Quintionem montem, deinde per Petrosam vallem, et exinde per Profundam vallem, necnon etiam per Mortuam-vaccam. Aliae vero terminationis fines sunt a termino Itcinse de valle Tabellis per illum lacum qui vadit ad locum qui nuncupatur Caput-caballinum, inde ad illam salcosam cisternam quae dicitur Sarcovos, indeque ad Tenebricam valliculam ad dexteram manum per verticem montis usque ad profundam vallem quae dicitur Mortua-vacca. Deinde per Casalis usque ad fines Bovaricenses in dextra per summum illius pigatum[3] exsartum *usque ad fines Glaccolinses[d.4]. Deinde per illum mansionilem qui vocatur Pomaritus infra ipsam forestem Arnlaunum[5], et est per loca

a) *post. corr.* parva *c.*   b) *inter* denique *et* in *duae litterae* (ut?) *erasae sunt c.*   c) *sic c.*
d) Glaccolinsem *c.*

1) *La forêt de Bretonne.* BOUQ.   2) *Pippini II. nepote.*   3) *Cacumen, i. q.* pico, pic.   4) *Finis Glaconissis, haud longe a fisco Arelauno, memoratur in dipl. spurio Theuderici III, Dipl. Merov. p.* 190, *l.* 3.
5) *Ad Sequanae ostium.*

designata, hoc est de uno latere bracus sive vallis quae dicitur Dirginis usque ad eum locum quae^a dicitur Petraficta, et ipsum bracum ad ipsum mansionilem ad pratum faciendum. Deinde ad Petram-fictam secus illam viam publicam quae dicitur Ad-duos-pontes et ad bracum[1] qui dicitur Bricilionem. Deinde etiam secus illum bracum qui dicitur Ad-castellum-luporum, qui est super illum bracum anteriorem Dirginis. Haec quidem largitio licet ab isto rege sit firmior aedita, ab antecessore tamen suo, glorioso rege Hildeberto, maxima pars concessa iam fuerat decessori istius Benigni abbatis, almae recordationis Baino episcopo. Aedita est autem haec donatio sive confirmatio a praefato rege Dagoberto ab anno dominicae incarnationis septingentesimo quinto decimo, indictione decima tertia, quinto Iduum Iuniarum, die dominica. Eodem anno ipse Dagobertus rex mortuus est. Quo tempore terra Hattuariorum a Saxonibus depopulata est; sed ipsi non multo post dignas suae perfidiae poenas a Francorum populis perpessi sunt, eorumque terra usque Wiseram fluvium incendiis, rapinis, interfectionibus attrita est.

7. De muneribus ac rebus Benigni abbatis.

Hic denique Benignus dimisit in aecclesia beati Petri calicem aureum, qui pensat libras 5^b, et patenam eiusdem pensantem libram unam. De rebus vero coenobii nostri nil minuit, immo augmentare studuit. Denique ex propria hereditate contradidit huic coenobio Semnau et Mauronis cisternam, possessiones sitas in pago Caletinse[2]. Similiter Bisagum, quod est in pago Rotomagensi; Suiagum^c etiam et Limitium, qui sunt in pago Veliocasino; Maris et Waldobertiwillare patrimonia, quae sunt sita in pago Aurelianinse; Onadonem et Caraciagum praedia, posita in territorio Andegavo; Condatum etiam patrimonium, quod est in pago Osismo[3]; Crisciacum, Salaciagum, Saviniagum, Captialonnum et Magalonnum, quae sunt in pago Sanctonico[4]; Agannagum, Bonolum, Andiagum, Vodertam, Agintum, Ambariago, Riveram praedia, quae sunt sita in pago Eglisminsę[5]. Sunt possessiones viginti duae, pagi septem. De quibus tertiam partem largitus est, id est de unaquaque. Aedita est haec largitio a praedicto Benigno sub anno quarto regnante Hildeberto rege, die decimo tertio Kalend. Februarii.

Hic Benignus abbas evindicavit contra Bertharium comitem villam quae vocatur Monticellos, quae sita est in pago

---

a) *scil.* vallis.   b) V *suprascriptum est manu, ut videtur, scriptoris codicis.*   c) *an* Sivagum?

1) *i. e. vallem.*   2) *Pays de Caux.*   3) *L'Hiémois; cf. Le Prévost l. l. p. 260.*   4) *Saintonge.*   5) *Angoumois.*

Osisminse, coram Karolo maiore domus, mediante advocato suo nomine Rotberto. In quo conventu interfuerunt hi episcopi: Ebbo, Haldoinus et Milo[1], seu alii illustres viri, et comites Teudericus, Hrotgarius, Anginulfus et Haregarius. Celebrata est haec evindicatio anno tertio regnante Teoderico iuniore rege 14. Kalend. Augusti Tulbiaco castro[2].

Anno quinto regnante Dagoberto iuniore rege quidam presbiter nomine Leutbertus, vir valde dives, contradidit eidem venerabili patri praedium aliquot[a] quod vocatur Bodardi-villa, situm in pago Wimnau[3], in quo ipse Leutbertus aecclesias aedificavit; necnon et locella alia, id est Taunaco, Luneraco, Fiolinas, sive Gressus, itemque Gressus[a], etiam et Duno, et Arecharii-villam in pago Veliocassino. Unde statim privilegium confirmationis a praedicto rege aeditum accipere curavit, quod adhuc in scriniis nostri coenobii reconditum retinetur; quod si quisset fari, rectum proclamaret iudicium.

Eodem anno quidam homines nominibus his: Gunthardus, Almedius*, largiti sunt possessiones has in pago Ebroicino: Agmaro et Horma et Maceriolas et Spanga et Haretone cum omnibus adiacentiis suis, sitas super fluvium Ittonem. Huic Benigno abbati largitus est item Benignus monachus, senior frater Gennardi, mansum in Magatiaco villa, quae est in pago Veliocassino, cum vineis et mancipiis, quem ei dederat Ragenfridus maior domus quondam sive intarta. Item quidam homo nomine Gislehardus Monticellos villam cum adiacentiis eius, Meriliaco, Citiliaco, Nerviniaco, sitam in pago Oximense, in centena Noviacense, anno secundo Dagoberti regis.

Anno sexto decimo Hildeberti regis quidam paterfamilias Ictor nomine *Primiaco die decimo mensis Iulii in pago Madriacense largitus est. Eodem anno Ermingus clericus partem contulit de Brinnaco octavo Kalend. Iulii. In quo conventu interfuit vir Deo dilectus Baga presbiter Saxonici generis.

Anno septimo decimo eiusdem regis Ebrinus partem de Gentiaco et Fontanas contradidit. Nam et filium[1b] suum nomine Eodonem istinc clericum habebat.

Anno primo Dagoberti iuvenculi regis Ermoaldus Summacranna largitus est decimo Kalend. Martii. Anno secundo Ermnulfus Roccolini lucum sive Bertilinum curtem et Nantiacum largitus est. Anno tertio Gaugia femina Inittus, Sa-

*) *Edd. add.:* Aiga femina.
a) *sic c.*   b) fratrem *edd.*
1) *Ebbo Senonensis; Haldoinus fortasse Trecensis; Milo Remensis et Treverensis.*   2) *Cf. Mühlbacher nr.* 35.   3) *Le Vimeu en Picardie.*

ciacum sive Dingum super fluvio Audura, item Landas largita est. Anno quarto partem de Tritiaco et Acbrando[a] villare Ermfridus contulit. Item Monticellos in centena Natsanninse Erchenfridus contulit. Anno quinto Anganulfus partem contulit in Framsariis viciniis Gressus, et quidam Waddo in Colnitio. Obiit autem isdem venerabilis pater Benignus decimo tertio Kalend. Aprilis.

8. Gesta Hugonis archiepiscopi Rotomagensis.

Hugo, filius Drogonis[1], vir venerabilis, a matre nomine Adeltrude[2] progenitus, nepos Karoli sagacissimi principis, archiepiscopus Rotomagensis aecclesiae, post praefatum Benignum regimen huius suscepit coenobii ab anno incarnationis dominicae 723[b], indictione 6[c], qui erat annus principatus Karoli nonus, Gregorii vero secundi papae[3], qui loco nonagesimo a sancto Petro Romanae praefuit aecclesiae, septimus instabat annus. Rexit istud coenobium per annos novem et menses duos et dies tredecim[4], id est usque ad annum sextum decimum principatus antefati Karoli, Gregorii autem praefati papae decimum septimum, dominicae quoque incarnationis 730[d], indictionem 13[e].

Hic etiam praesulatum ecclesiae Parisiacae simulque Baiocassinae[5] cum Rotomagensi tenuit, factione scilicet patrui sui Karoli principis, extra decreta tamen canonum; coenobia vero nobiliora Fontinellam et Gemmeticum[6], praedia vero regia quae eius insederunt animo. Non enim causa perversae cupiditatis aut aliquo seculari fastu a patruo suo Karolo principe sive a regibus Francorum qui eius tempore sceptra regni huius obtinuerunt, id est Hildeberto, Dagoberto, Hilperico, Hlothario necnon et Teoderico, ea impetrabat, sed ut statim aecclesiae Christi contraderet, sciens scriptum, quod ea hereditas bene reconditur, quae Deo custode servatur. Mater denique eius, ut praediximus, Adaltrudis nomine filia fuerat Warattonis nobilissimi maioris domus regiae atque Ansfledis, coniugis eius, qui plurima huic monasterio largiti sunt praedia. Denique praedicta religiosa et strenua matrona Ansfledis, avia sua, derelicta siquidem Warratonis, ad nutriendum susceperat ipsum Hugonem, patrem demum gloriosissimum. Haec igitur prudentiae et providae industriae

Ex Ann. deperd. Cf. Ann. Mett. a. 693.

a) Tr. ac Brando. *edd.* b) DCCXXXIX c., *sed* XIX *in rosura;* septingentesimo vigesimo tertio *edd.* c) *sic edd.; erasum* c., *in marg.* XV. d) *manus posterior in marg. oscripsit:* septingentesimum quadragesimum octavum. e) VIII c., *sed* V *in rosura;* decima tertia *edd.*

1) *Filii Pippini II.* 2) *In Ann. Mettens. a.* 693, *SS. I, p.* 321, *nominatur Anstrudis (*Austrudis *corr.* Anstrudis *cod. G. W.); cf. Breysig l. l. p.* 2, *n.* 4. 3) *A.* 715—731. 4) *Anni regiminis non recti sunt; cf. Mühlbacher p.* 10. 5) *Bayeux.* 6) *Jumièges.*

spiritu plena, animum pueri fertur cotidianis ammonitionibus corroborasse, ut sese cum omnibus quae habebat Dei servitio manciparet. Unde factum est, ut sacrarum literarum studio imbutus, cunctos suos sapientia et religione anteiret, secundumque sanctam suggestionem praeclarae nutricis ac aviae suae Ansfledis coepit terrena cuncta despicere et ad regna caelestia viriliter anhelare simulque patrimonia plurima aecclesiis Christi contradere[1]. Quae cuncta si qui plenius nosse cupiunt, scrinia civitatum Rotomagensis, Parisiacae et Baiocassinae et huius coenobii Fontinellensis simulque Gemmeticensis revolvant, illicque invenient, quantam sollicitudinem ac pervigilem curam de constructione, propagatione et restauratione[a] ac exaltatione aecclesiarum habuerit. Huius pater Drogo, filius praedicti Pipini ducis Francorum, frater Grimoldi et Karoli nobilissimorum principum, defunctus est anno ab incarnatione Domini septingentesimo septimo, indictione quinta, tempore veris. Succedit enim isdem vir venerandus Hugo in sede Rotomagensis aecclesiae vicesimus tertius a Mallono primo pontifice eiusdem urbis, rector quoque sive procurator urbis Parisii[b] tricesimus quintus a beato Dionisio constituitur, porro in regimine huius coenobii Fontinellensis a beato Wandregisilo septimus in loco, similiter a beato Filiberto in regimine coenobii Gemmeticensis. *Ann. Petav. 708.*

Hic namque vir venerandus Hugo, dum adhuc laicus foret, largitus est Benigno abbati Virtlaicum villam, quae sita est in pago Tellau super fluvio Eora[2], quae ipsi *de iure praedictorum parentum suorum legitime obvenerat. Facta est haec largitio ab anno dominicae incarnationis septingentesimo decimo tertio, indictione 12[3], qui fuerat annus Dagoberti iuvenculi regis 3, Pipini quoque ducis 26, undecimo Kalendarum Iuliarum die, feria 4. Factus vero praesul contulit possessionem suam quae vocatur Molinus-cottus huic coenobio, sitam in pago Belloacensi super fluvium Masso, continentem mansos octoginta et quatuor. Inter reliqua autem praedia ab eo contradita etiam Wintlanam villam largitus est Wandoni abbati anno primo Hlotharii regis, quem[4] Karolus post fugam Hilperici ac Ragenfridi regem sibi statuerat; et possessa est ab hoc coenobio usque ad regimen Witlaici abbatis per annos quadraginta et tres. Huic glorioso praesuli largitus est quidam illustris vir nomine Bertus portionem aliquam de villa Dogmaniaco, quae sita est in pago Oximense, in centena Alaucioninse, et illam rem quae vocatur Vanda in centena Saginse. Similiter in terri- *p. 281.*

---

a) administratione *edd.*   b) *ultimum* i *in rasura* c.

1) *Cf. comment. l. l.*   2) *Eure.*   3) *Rectius ind.* 11; *cf. Mühlbacher nr.* 26.   4) *Cf. Fredeg. cont. c.* 107.

torio Cinomannico[1] rem illam quae dicitur Vernigo seu Metiago quae appellatur Avanae-curtę. Aedita est haec largitio anno undecimo Teoderici regis[2], patris Hilderici, demum regis novissimi ex genere Meroingorum. De patrimoniis enim a praedicto glorioso praesule huic loco largitis sive a fidelibus christianis impetratis ac susceptis qui nosse cupit, testamenta ab ipso aedita revolvat, et tunc probabit, nichil me de eo sinistrum aut dixisse aut scripsisse. Mensatas hoc in coenobio constituit, deputatis videlicet villis quae per unumquemque mensem sufficientem praeberent alimoniam; idcirco memoria illius in benedictione manet. Expletis namque laudabilis cursus sui annis[a], migravit ad Dominum sub die sexto Iduum Aprilium, qui erat annus dominicae incarnationis 730[b]. Corpus eius Gemmetico coenobio, quo etiam vitae decesserat, in aecclesia sanctae matris ac perpetuae virginis Mariae venerabiliter sepulturae est traditum. Conditaque est a fratribus illinc habitantibus supra tumbam illius repa diversis metallis decorata, ob amorem videlicet, sanctitatem ac reverentiam illius. Nullus enim ante eum eiusdem coenobii rector nec post eum tot praedia ac possessiones in iure ipsius venerabilis loci contulit ac impetravit, sicut ipse facere curavit, veluti [per[c]] testamenta eiusdem coenobii cunctis legentibus liquido patet. Hic dimisit in hoc coenobio Fontinellensi calicem aureum et patenam auream pensantes libras quatuor et uncias duas, turiculam auream[3] unam pensantem libras quinque, capsam auro et gemmis decoratam continentem pignera diversorum sanctorum. Plurima enim bonitatis gessit opera, quae dinumerare laboriosissimum est. Nobilis enim extitit genere, sed non inferior religione. Haec quidem de venerando patre ac domino Hugone dicta sufficiant.

9. Gesta Landonis episcopi atque abbatis.

Lando episcopus de urbe Remensi succedit Hugoni praesuli in regimine huius coenobii ab anno duodecimo regis Teoderici novissimi, qui erat exarchatus Karoli annus septimus decimus, incarnationis autem dominicae septingentesimus tricesimus primus[d], indictione decima quarta. Qui etiam cellam sancti Sidonii quae est in Warinna simul cum ista iure beneficii aliquandiu tenuit. Anno namque regiminis istius primo Gregorius iunior papa migravit ad Dominum. Cui succedit alius Gregorius, mirae sanctitatis vir, qui claves

a) annorum c.   b) DCC. c., manus posterior in margine addidit XXX.   c) deest c. edd.
d) alia manus in margine apposuit: XLIX. ind. IX.

1) Le Maine.   2) IV. a. 720—737.   3) Hostiae servandae.

ex confessione beati Petri apostolorum principis accipiens, Karolo principi direxit, ut Romanam rem publicam ab oppressione Langobardorum liberaret[1]. Eodem anno Karolus perrexit Wasconiam contra Eudonem principem, qui tirannidem assumpserat, et Raganfridus intarta post annos tirannidis quatuordecim mortuus est. Venerabilis presbiter Beda historiam aecclesiasticam, quam de gente sua, id est Anglorum, composuerat, usque in hunc annum mirabili opere perduxit, et non multo post caelestia regna petiit 7. Kalend. Iunii[2].

Hic Lando impetravit a praefato Karolo privilegium immunitatis perhennis, in quo continetur, quod coenobium istud sub sua defensione ac tuitione idem princeps specialius receptum haberet, et hoc omni Francorum populo sive episcopis seu coenobiorum patribus necnon et comitibus omnibusque exactoribus rei publicae gentis Francorum notum esse voluit, quatinus res istius coenobii universaque sua salva esse valerent, nec a quoquam diripi aut contaminari vel in aliquo ledi quocunque possent ingenio. Aeditum est hoc privilegium in isto coenobio, suggerente eodem episcopo, ac fratribus omnibus intercedentibus[3].

Huius anno secundo, id est dominicae incarnationis septingentesimo tricesimo secundo, Eodo[4] dux Aquitaniorum cernens se superatum et ad defendendam patriam suam contra Karolum se viribus esse destitutum, gentem perfidam Sarracenorum ad auxiliandum sibi invitat. Qui cum rege suo Abdirama Garonnam fluvium transeunt, Burdigalem urbem pervenerunt, ibique aecclesiis Dei igne concrematis, pluribusque christianis interfectis, usque ad Pictavem urbem profecti sunt, basilicamque sancti Hilarii igne concremata, ad beatissimi Martini aecclesiam subvertendam summo conamine proficisci contendunt. Contra quos Karolus princeps iuxta urbem Pictavem aciem construxit et super eos, invocato Christi auxilio, intrepidus irruit et eos cum rege eorum usque ad internitionem delevit. Acceptisque spoliis eorum, nomen Domini glorificans, tota iam Aquitania subacta[5], cum triumpho ad propria revertitur. Rexit autem coenobium istud idem episcopus Lando per annos tres, lapsisque cursus sui annis, ingressus est viam patrum, sicque sepulturae traditus in aecclesia beati Petri apostolorum principis huius coenobii Fontinellensis. Obiit autem isdem episcopus Lando 17. Kalend. Febr.

10. Gesta Teutsindi mali rectoris.

Teutsindus pater coenobii Sancti Martini Turonensis aecclesiae sortitur locum regiminis ab anno dominicae incarnationis septingentesimo tricesimo quarto, indictione

1) *Vide infra c.* 12. 2) *Vide comment. l. l.* 3) *Cf. Mühlbacher nr.* 39.
4) *De Eudone duce vide Breysig l. l. p.* 30.   5) *Cf. Breysig l. l. p.* 69, *n.* 3.

secunda^a. Hic quidem Teutsindus quam amator fuerit Dei ac sanctorum aecclesiarumque eius fautor ac defensor, opera quae gessit hoc in coenobio, vel qualiter in diebus eius res istius monasterii augmentum aut detrimentum sumpserint, testimonium perhibent. In diebus namque tirannidis, non regiminis eius, hoc nobilissimum coenobium ignobile est redditum. Ab illo enim tempore quo iste lugendus regiminis suscepit locum status vitae innocentis, quem in eodem coenobio secundum eximii patris Benedicti normam excolendum fore beatus pater Wandregisilus instituerat, ob inopias plurimas fluctuare coepit nec usque ad hanc diem in pristinum statum revocari valuit. Denique tempore beati Lantberti archiepiscopi, sancti etiam Ansberti pontificis summi, Hiltberti venerabilis presbiteri, Baini denique gloriosi praesulis, Benigni pretiosi patris, Hugonis namque magni praesulis felicia atque laetissima isti coenobio fuere tempora. Quippe dum, praediis plurimisque possessionibus a regibus magnis ac sinceris christianae religionis cultoribus istinc largitis omni aegestate exclusa, multitudinis Domini militantium erat cor unum et anima una, erantque eis omnia communia, nihilque proprium aliquis[b] suum esse dicebat, sed iuxta exemplum primitivae aecclesiae feliciter ac securę Domino militabant. Omnia namque necessaria a patre monasterii accipienda fore noverant. In diebus denique praedictorum patrum trecenti semper fuere numero istinc habitantes servi Domini. Adeptum[1] itaque iste locum regiminis, et non regiminis, sed potius tirannidis, moxque rebus nobilioribus ablatis, in maximam paupertatem hoc quondam gloriosum coenobium redegit. Nam poene tertiam partem facultatum abstulit suisque propinquis ac regiis hominibus ad possidendum contradidit, quae usque nunc de isto coenobio permanent ablatae, sicuti omnibus privilegia ac largitiones, quae in scriniis nostri coenobii retinentur, revolventibus in promptu est; quae nimis longum est narrare per singula[2].

Sed unum e plurimis ad medium deducam, precarium, quod cuidam comiti nomine Rathario edidit; ob memoriam aeternam, qualiter ipsae res de hoc coenobio sint ablatae, per ordinem describere ratum duxi. Eidem namque Rathario comiti contradidit Ulmirum et Warinnam fiscos duos, qui sunt in pago Tellau iuxta fluvios Tellas et Warinna, cum adiacentiis eorum, id est Crisciaco, Seda, Magneroto,

---

a) *manus posterior in margine adiecit haec verba:* qui erat annus pre[fati] regis Theoderici X[V], *et ita edd.* b) aliquid *c.;* pr. aut suum quisque dicebat *edd.*

1) *Passive.* 2) *Cf. ea quae disserit* Roth, *'Die Säcularisation des Kirchenguts' in 'Münch. hist. Jahrb. 1865.' p. 297, et* Oelsner, *'Pippin' p. 9.*

Toscarios et item Magneroto simulque terram super litus
maris et areas salinarum piscationumque quae ibidem in-
stitutae erant; vineas *etiam in Warnaco super fluvio Sequana *p. 283.
sitas in pago Veliocassino, quae impetraverat sanctissimae
recordationis Lantbertus abba a rege glorioso Hilderico,
suadente regina sua Blithilde, necnon et aliis illustribus
viris, quorum haec sunt onomata: Leodegarii episcopi demumque martiris egregii, Nivonis et Ermonis, Fulcoaldi,
Amalrici, Wulfoaldi maioris domus regiae, Bavonis, Waningi,
Adalberti, Gerini, sicut in gestis[1] praefati Lantberti patris
eximii plenissime scriptum fore constat. Similiter alia
patrimonia in eisdem pagis sita, id est Sonnardum pontem,
Nialcham[2], Hosdinium, Balliolum in pago Vimnau, cum
adiacentiis earum ad se pertinentibus[a]. Necnon et medietatem
de Edremau, qui fuit Gesonis, Moriacum ac Braciacum, quae
sunt super fluvio Sedanna, Balcinium in pago Vimnau, quae
fuerat Ambremari et Bertoaldi, et Bociliacas, Ruboridum,
Rosbatium, Gamapium villam pulcherrimam super fluvio
Sedanna, Victriacum super fluvio Duno sitam[b] in monte,
Aionecurte, Gammapiolum, Rumquarias, Muriacum qui dicitur
vallis Cucunioli in pago Vimnau, Bettone-curte super fluvio
Eora; sunt villae viginti octo[c], exceptis adiacentiis aliquarum,
quae ponuntur in duobus pagis, Tellau scilicet et Vimnau.
Haec namque patrimonia idem comes Ratharius a praedicto
Teutsindo iure precarii accepit, unde censum levavit omni
anno ad festivitatem sancti patris nostri Wandregisili in
luminaribus aecclesiae solidorum sexaginta persolvendum.
Factum est hoc precarium in isto coenobio hoc anno, qui
est ab incarnatione domini nostri Iesu Christi septingentesimo tricesimo quarto, indictione 2, sub die tertio Nonarum
Maiarum, quod evenit feria quarta, qui erat annus principatus Karoli principis vicesimus. Censum autem, quem idem
comes professus est transsolvere, usque ad Witlaici abbatis
tempora omni anno patribus[d] istius coenobii absque ulla
retractione persolvebatur, de Ulmiro videlicet ac Warinna,
quo sanctus Ricbertus corpore requiescit.

Hinc perpendant rectores ac praelati coenobiorum, quam
nequiter ac infeliciter contra salutem animae suae agant,
qui praedia ac res a bonis ac Deum timentibus hominibus
coenobiis suis[e] collata de iure aecclesiarum ac coenobiorum
ablata dominationi contradunt potentium ac dominiorum[f]
hominum, qui de proprio quidem nil tribuunt, sed haec ipsa

a) pertinentes *c.*   b) *scil.* villam.   c) novem *edd.*   d) partibus *c.*   e) sunt *c. edd.*
f) *sic c.;* dominicorum *edd.*

1) *Vide supra p.* 17, *n.* 1.   2) *Situm in pago Velcassino;* edd. perperam praebent Malcham.

quae largita a iustis fuerant^a, gratum sibi ac temporalem adquirentes honorem, gregem sibi commissum in praecipitium mittunt, pro quorum casibus districtam in die novissimo exolvent poenam. Nempe melius fuisset ea die, quando praefatae res de isto coenobio fuerunt sublatae, ut ignis ibi accenderetur, qui universa aedificia funditus consumpsisset, quoniam decies antea quisset reaedificari quam tales res adquirere. Nam, unde milites Christi alimoniam consequebantur, inde nunc pastus exhibetur canibus, et unde lumen ante aram Christi in aecclesia lucere solebat, inde armillae, baltei et calcares fabricantur necnon sellae equinae auro argentoque decorantur. In una enim die iste infelix operatus est malum hoc, sed in tot annorum curricula emendationem non recepit. Qualiter enim de suo elemosinam valet facere, qui alienas res tollit, cum Zacheus ille statura pusillus dicat ad Dominum: *Domine, ecce dimidium bonorum meorum do pauperibus, et si aliquid iniuste alicui abstuli, reddo in quadruplum?* Et si de hominibus qui res aliorum hominum aut pecuniam invadunt, ut in quadruplum reddant, iuxta exemplum ipsius Zachei euangelium pronuntiat, et tunc elemosinam proximis impendant, quid dicendum est de his qui res aecclesiarum et ipsius Dei aeterni auferunt et iterum seculo contradunt? Veniet enim illis quod Dominus per prophetam impiis comminatur dicens: *Visitabo super vos mala et quiescere faciam superbiam impiorum et arrogantiam fortium humiliabo?* Nec enim poterit eos aurum aut argentum liberare neque divitiae, quae nunc in angulis abscondunt, et ex quibus arrogantes effecti, salutem suam obliviscuntur. Tales quippe rectores nequiores sunt paganis, quoniam, si paganus locum igne cremaverit, terram tamen secum non tollit. Talem vitam finientes excipiuntur ab his qui Greco eloquio vocantur theo ypocthonyoe[1].

Huius anno quarto, qui est dominicae incarnationis 737, nunciatum est invicto Karolo principi, quod seva gens Sarracenorum, obtenta Septimania et Gotia, in partes iam Provintiae irruisset castrumque munitissimum Avinionem per fraudem quorundam *provintialium comitatum illum obtinuissent. Quapropter exercitum congregans, illuc iter dirigebat, praemississique quibusdam exercitus sui principibus, qui castrum obsiderent, ipse prosecutus est praedictamque urbem obsidione circumdat; machinisque compositis urbem munitissimam diruit^b ipsamque cum habitatoribus suis igne et gladio consumit. Rodanum dehinc fluvium transiit, Gothorum fines penetravit, Narbonam, urbem celeberrimam, castris circumcinxit, regem Sarracenorum nomine Adthima cum satellitibus suis ibidem reclusit. Haec audientes maiores natu Sarracenorum, qui morabantur in regione Hispaniae,

a) *vocabulum deesse videtur.* b) deruit *c.*

1) θεοὶ ὑποχθόνιοι.

collecto exercitu, cum alio rege nomine Amormacha[1] adversus Karolum arma corripiunt. Contra quos invictus Carolus princeps, civitate Narbona sub custodia derelicta, in loco qui vocatur Byrra septimo ab urbe miliario intrepidus occurrit; ubi, divina misericordia succurrente, pugna acerrima commissa, Karolus princeps victor extitit, regem prefatum Sarracenorum interemit exercitumque eius penitus usque ad internitionem delevit, spoliis innumerabilibus ditatus, cuncta depopulata Gotia, diruptisque civitatibus, devictisque universis hostibus praeter eos quos in Narbona incluserat, urbe eadem sub custodia derelicta, cum magno triumpho remeavit in Frantiam.

Sub huius denique tempore Ermharius, praepositus eius, aedificavit basilicam beatissimi archangeli Michaelis, licet modico, pulcherrimo tamen opere, allatis videlicet petris politis de Iuliobona, castro quondam nobilissimo ac firmissimo, ad construendos arcus seu frontispicium eiusdem templi. Haec namque civitas fertur aedificata fore a Gaio Iulio imperatore Romanorum ante adventum Domini, dum Gallias vastando circumiret. Ipsum namque castrum Caletus antea vocabatur, quod destructum et in maiori elegantia reparatum, ex suo nomine Iuliobona vocare placuit. Denique constructa idem praepositus hac basilica, campanam in turricula eiusdem collocandam, ut moris est aecclesiarum, opifici in hac arte erudito facere praecepit; qui[2] dum iniunctum sibi opus perficere contenderet, suadente inimico humani generis, de sufficienti metallo, unde patrandum erat signum, copia eiusdem imminuta, partim abstulit, partim in cacabo liquefiendum composuit. Proiectaque eadem copia metalli in forma qua futurum sperabatur signum, ex parte aliqua deforme, deficiente copia metalli quae, antequam liquęfacta foret, sublata fuerat, minusque est redditum, sic tamen turriculae impositum. Denique quacunque hora diei pulsatum sonitum dabat, praedictus artifex, qui illud metallum furtim sustulerat, in amentiam vertebatur verbaque inepta ac latratus canum more dabat.

Erat namque idem Ermharius secundum carnis originem de Apoliaco villa, fautor tamen et amator regulae castaeque religionis. Dicere vero solitus erat praefatus Teutsindus fratribus Turonicae aecclesiae: 'Nisi vestram correxeritis vitam ac mores, Ermharium, meum praepositum, ex Fontinella huc

---

1) *Assemannus putat, nomen Amormacha significare* Amor Malcha *i. e.* Amor Melech *sive Rex Amer (cf. Aschbach I, p. 77). Equidem verbis quibusdam Fredegarii male intellectis id nomen ortum arbitror. Scribit enim Continuator Fredegar. c.* 109. *haec*: Cum alio rege Amor nomine machinis adversum Carolum armati consurgunt. *Si forte legerat auctor:* Cum alio rege Amor machinis *etc., facile in errorem duci potuit.* DORR. 2) *Cf. similem historiam apud Monachum Sangall., Gesta Karoli I,* 29, *SS. II, p.* 744.

adducam, qui aratra vestra rectum doceat sulcare'. Expletis autem idem Ermharius curriculis dierum suorum, defunctus ac in basilica beati Petri apostolorum principis, in introitu eiusdem basilicae ante ostium aquilonale terrae conditus est, sub nobili videlicet eiusdem aecclesiae pavimento, scriptumque est in cooperculo sepulchri sui huiusmodi: *Hic requiescit Ermharius praepositus.*

11. Gesta Widonis abbatis.

Wido sortitur locum regiminis ab anno dominicae incarnationis 738, qui[1] erat annus primus Hilderici novissimi regis, Karoli autem principis vicesimus sextus, per annum unum. Hic namque propinquus Karoli principis fuit[2], qui etiam monasterium Sancti Vedasti, quod est in Atrebatensi territorio, iure regiminis tenuit annum unum sicut et istum. Erat autem de secularibus clericis gladioque quem semispatium vocant semper accinctus sagoque pro cappa utebatur parumque aecclesiasticae disciplinae imperiis parebat. Nam copiam canum multiplicem semper habebat, cum qua venatorio operi assidue insistebat, sagittatorque praecipuus in arcubus ligneis ad aves feriendas erat hisque operibus magis quam aecclesiasticis se exercebat. Accusatus vero apud principem Karolum, quod conspirationem adversus illum cum aliis meditatus esset, iussu eiusdem exarchi ad regiam domum compellitur migrare. Qui dum pergeret cum satellitibus regiis, venientes in territorio Veromandensi, capitis praecisione damnatur ibidemque digno in loco sepulturae est traditus. Haec ex relatione cuiusdam patris[3], qui ipsum videre poterat, didici, quod ita vitae decesserit. Qui etiam Wido coenobium Sancti Vedasti, quod est situm in Atrebatensi territorio, ut superius declaratum est, una cum isto annum fere unum post Gogisleum iure rectoris tenuisse dicitur. Cui successit Romanus in ipso coenobio per annos tres. Huic Widoni largitus est quidam paterfamilias nomine Raginfridus portionem aliquam de villa quae dicitur Laxtra, anno primo eiusdem regis Hilderici; quae sita est in pago Constantino[4].

12. Gesta Raginfridi archiepiscopi.

Raginfridus praesul aecclesiae Ratumagensis extitit[5] regendi locum sub anno dominicae incarnationis 739, qui

---

1) *Haec falsa sunt.* 2) *Sed cuius gradus propinquitas eorum fuerit, non constat: 'Signum Widonis' Karoli diplomati d. 1. Ian. 722. monasterio Traiectensi dato, Dipl. Mer. p. 98, subscriptum esse, animadvertit Breysig, l. l. p. 87.* 3) *Fortasse Harduini, de quo infra c. 16. sermo est; cf. c. 14. in fine.* 4) *Le Cotentin.* 5) *Pro accepit, ita et infra c. 17.*

erat annus exarchatus Caroli 27[a], Hilderici Meroingi regis annus 2, Gregorii [1] apostolici annus 9.

Eodem anno Karolus, commoto exercitu universali, partibus Provintiae iter dirigit Avinionemque iterum coepit, totaque Provintia usque ad litus maris peragrata, ad Massiliam pervenit; fugatoque duce Moronto, qui quondam Sarracenos in suae perfidiae praesidium adsciverat, nullo iam relicto adversario, totam illam regionem Francorum imperio subiugavit et, cunctis strenue dispositis, ad proprias sedes reversus est.

Hunc Raginfridum de nobili Francorum prosapia ortum fuisse constat, licet opera nefanda generositatem foedarent illius. Compater etiam spiritalis regenerationis Pippini magni regis, qui de seculari quidem habitu commutatus, Grimoni archiepiscopo succedens, praesul efficitur aecclesiae Ratumagensis rectorque huius coenobii Fontinellensis, parumque digne hoc administravit. Erat namque ignarus[b] litterarum, sicuti praedecessores sui Grimo et Wido, ideoque minus dignum se exhibebat tantae rei negotio. Qui cum regiminis huius coenobii post praefatum Widonem suscepisset curam, nichil ad consulta fratrum agere volebat, immo alimenta corporis ac tegumenta eis subtrahens, propriis usibus retorquebat. Unde commota omnis caterva monachorum, ne status almae regulae vacillando fluctuaret, quae agenda sint deliberant. Iesum benignum adeunt, clementiam illius implorant, ut ipse virtutum Dominus conversus respiceret de caelo vineam suam, ne periret quod plantarat fortissima dextera sua. Post celebratam denique obsecrationem idem milites Christi, sanae mentis consilio inito, tres ex semet ipsis fratres eligunt, qui Pippino principi suggererent, ut memor propinqui sui beati Wandregisili ac genitoris sui invicti Karoli, qui locum hunc privilegiis suae auctoritatis decoraverat ac defensione fortissima roboraverat, a dominatu tanti praedonis ac tiranni misericorditer eos liberaret. Nec mora, quae petierant adipiscuntur. Extemplo namque regia auctoritate idem Ragenfridus de ordine regiminis huius coenobii depositus est, reservato sibi episcopatu aecclesiae Ratumagensis. Nomina autem fratrum illorum qui regem pro eadem re adierunt, haec sunt: Vuldrebertus, de Meldico pago[2] ortus, Laurentius, ex Benevento Campaniae carnis originem trahens, Austrulfus, quondam praepositus demumque huius monasterii pater. Cumque a praefato rege, quem sibi praeficere rectorem vellent, percunctati fuissent, Wandonem sibi praeesse velle responderunt. Erat autem adhuc in exilio idem Wando in Traiecto[3] castro, in monasterio videlicet

a) XXVII *in marg. suppl. c.* b) gnarus, i *suprascr. corr.* ignarus *c.*
1) *III, a.* 731—741. 2) *Circa Meaux.* 3) *Maastricht; vide supra p.* 21, *ubi auctor perperam de Utrecht cogitavit.*

beati Servatii confessoris Christi. Quem accersitum, dominus Pippinus curam illi coenobii istius commisit. Sicque idem fratres una cum regiis satellitibus ad istud coenobium Fontinellense cum exultatione ac laetitia cordis perducunt. Facta est vero illi obvia omnis turba monachorum cum crucibus ac vexillis, laudes Deo resonans vocesque ad sidera dans clarissimas. Quorum alii flebant pre gaudio, alii armoniae dulces sonos promebant in excelso. Introducentes denique eum in aecclesiam beatissimi principis apostolorum Petri, immensam Christi clementiam consona voce collaudarunt, qui talem eis praestiterat opem contra crudelissimum tirannum, ita ut cum psalmista possent dicere: *Nos autem populus tuus et oves gregis tui *confitebimur tibi in secula.* Deposito autem praedicto Ragenfrido de regimine et substituto eodem Wandone, in summa pace ac tranquillitate hoc coenobium extitit.

Huius Ragenfridi anno tertio regiminis necdum expleto, Karolus legationem beati papae Gregorii bis eodem anno suscepit virosque religiosos, Grimonem scilicet Corbiensis monasterii patrem et Sigibertum reclausum basilicae sancti Dionisii martyris, ad limina beatissimi principis apostolorum Petri cum magnis muneribus direxit. Eodem anno, dum aegrotare se cerneret, filiis suis principatum suum aequa lance divisit; primogenito suo Karolomanno Austrasiam, Alamanniam Toringiamque subiugavit, filio vero iuniori suo Pippino Neustriam, Burgundiam Provintiamque concessit. Correptus autem febre, in Carisiaca villa[2], quae est super fluvio Isera, in pace obiit. Rexit autem populum Francorum annis 26 et mensibus 6; transiit autem 11. Kal. Novembris sepultusque est haut longe a Parisiaca civitate in basilica sancti Dionisii martyris. Praenominatus autem Ragenfridus pro insolentia morum ac pravitatibus suis etiam a clericis Ratumagensibus apud Pippinum regem accusatur, anno videlicet 13. postquam regimen istius coenobii Fontinellensis amiserat. Quo eiecto de episcopatu eiusdem aecclesiae, datum est Remigio, fratri eiusdem gloriosi regis Pippini, hoc anno, qui est ab incarnatione domini nostri Iesu Christi septingentesimus quinquagesimus quintus. Cui tamen Ragenfrido causa misericordiae aliquae villae de eodem Ratumagensi episcopio attributae fuerunt, de quibus una erat Clovialus super alveo Sequana constituta, in qua etiam post aliquot tempus eiectionis suae, morbo correptus, vitam finivit. Cuius corpus Ratumago delatum est sepulturaeque traditum. Tenuit autem nomen praesulis eiusdem aecclesiae annis 15, huius vero coenobii regimen annis duobus et dimidio.

1) *Vide comparationem, quam instituit Simson in* 'Forsch. z. D. Gesch.' *XX, p.* 396. *et* 398. 2) *Kiersy-sur-Oise.*

13. Gesta Wandonis abbatis.

Wando presbiter, a patre Baldrico nomine progenitus, territorio Tellau ortus, regimen assumpsit coenobii ab anno dominicae incarnationis 742, qui est annus primus principatus Karolomanni et Pippini, praesidente in sede Romanae aecclesiae anno primo Zacharia apostolico[1]. Igitur idem vir religiosus Wando, dum de Traiecto castro, ubi ad exilium ductus fuerat, cum permissu ac iussione gloriosi principis Pippini reverteretur, pignora reliquiarum beati Servatii confessoris assumens secum detulit; veniensque ad hunc locum, aedificavit basilicam in honore ipsius confessoris Christi iuxta aecclesiam beati principis apostolorum Petri ad meridianam eiusdem aecclesiae plagam. In qua solarium condidit, ita ut per gradus sursum ascenderetur; collocavitque ibi altare unum, in quo de reliquiis praedicti confessoris Christi posuit. Quo in loco ob meritum eiusdem almifici confessoris plurimae a Domino patratae constant fore virtutes. Nam, ut e plurimis unum proferam, lampas, quae coram ara huius basilicae dependebat, postquam semel exinde in ea positum fuit, sponte liquorem olei in usu lucernae, nullo quippiam adiciente, per plurimos manavit annos, donec quidam latomus, sicut relatione venerabilis cuiusdam senis didici, qui tum temporis in hoc degebat monasterio, furtim inde abstulit, sicque deinceps ob piaculi huius facinus manare desiit.

Aliud quoque memorabile miraculum huic operi inserere commodum duxi. Quodam denique tempore, id est anno dominicae incarnationis 754[a], qui erat Pippini regis annus quintus, aecclesia beati Petri per culpam incuriae igne cremata est; haec autem beati Servatii basilica contigua erat illi. Cumque furentium flammarum globi alta peterent, aliqui ex fratribus ad ipsum virum religiosum Wandonem, qui in eadem sanctissimi Servatii basilica residebat, accedunt monebantque, ut egrederetur, metuentes, quia adherebat ei quae incendium paciebatur, ne similiter igne concremaretur. Tunc idem vir Domini respondisse fertur: 'Si potuerit, me quidem sanctus Servatius ac basilicam istam, quam devoto pectore aedificavi, ab his ignibus defendi faciat; sin vero, sponte cum ipsa temporale subire non recuso incendium'. In eadem namque basilica, sicuti dixerat, orationi insistens remansit; exustaque sancti Petri aecclesia, haec inlesa permansit obtentu beati Servatii praesulis. Erat *namque idem Wando amator aecclesiarum semperque de lege Domini meditationem agere volebat.

a) 756. *ed.*
1) *A.* 741—752.

Anno igitur Hildeberti regis secundo ad conversionem veniens sub Hiltberto abbate [1], ex propria hereditate contulit iure possidendi huic coenobio in pago Vimnau super fluvio Vimina, in loco qui vocatur Quattuor-molas, tertiam partem de Eora, de Aismedis villa tertiam partem similiter, de Buxido nichilhominus tertiam partem, de Pyro similiter, de Balliolo in pago Tellau tertiam similiter partem, necnon et de illis vineis quae sunt in pago Tellau super fluvio Visrona. Huic venerabili patri dedit Ragenfridus intarta fiscum qui vocatur Wintlana anno secundo Hilperici regis, qui erat dominicae incarnationis 717, indictione 15, sub die quinto Kalendarum Octobrium, feria tertia. Plurimae namque res aecclesiae nostrae in huius amministratione adcreverunt. Dimisit autem in aecclesia beati Petri offertorium argenteum cum patena et alia ornamenta diversa, capsam auro decoratam unam.

Codicum etiam copiam non minimam, quot dinumerare oneri esse videtur. Sed aliquos ob memoriam illius inserere placuit; id est codicem unum Romana littera [2] scriptum, in quo continetur expositio brevis trium euangelistarum, id est Iohannis, Mathei et Lucae. Arnobii episcopi et rethoris. Sermo de Adam qui perierat. Rufini ex historia aecclesiastica de Spiridione episcopo; eiusdem de muliere captiva ex eadem chronica ab eodem translatum, quae Hiberorum gentem ad fidem Christi convertit. Fides Niceni concilii. Exhortatio sancti Macharii ad monachos. Item Rufini sermo de ieiunio et oratione. Vita et passio sancti Felicis episcopi Nolanae urbis. Epistola sancti Leonis episcopi Nolensis ad Marcellum presbiterum eiusdem aecclesiae. Regula sanctorum patrum Serapionis et Macharii et alterius Macharii et Pafnutii. Regula sancti Augustini episcopi. Epistola sancti Augustini ad Felicem et Hilarium. Epistola sancti Hieronimi de castitate. Item epistola sancti Hieronimi ad Nepotianum. Item epistola sancti Hieronimi ad Euangelium presbiterum de Melchisedech. Item eiusdem ad Rusticum presbiterum. Epistola sancti Clementis papae ad Iacobum apostolum, fratrem Domini. Item codicem sancti Augustini, in quo continetur de poenitentia. Historiam Apollonii regis Tiri, codicem unum [a]. Historiam Iordanis episcopi Ravennatis aecclesiae de origine Getarum. Item codicem, in quo continetur regula sancti Benedicti et sancti Columbani et

---

a) *inter* Tiri *et* codicem *lacuna; erasum esse verbum* in *opinor.*

1) *Abbate Fontanellensi quarto.* 2) *i. q. litteris uncialibus; vide Wattenbach, 'Schriftwesen' ed. 2, p. 370. 451; 'Anleitung z. Paläogr.' ed. 2, p. 14. Sickel, Acta I, p. 290 n. 1, vero auctorem nostrum litteras quas vocamus capitales indicare putat.*

martirologium. Item codicem, in quo continentur capitula nonaginta novem de euangeliis Mathei et Lucae, exposita ab Aurelio Agustino. Item sermo eiusdem de incarnatione Domini. Item in eodem libro differentiarum spiritualium et carnalium Isidori iunioris Spalensis, quod sunt capitula quadraginta duo. Item in eodem difinitio dogmatum aecclesiasticorum Gennadii presbiteri Massiliensis. Item in eodem expositio fidei catholicae sancti Hieronimi presbiteri. Item sancti Athanasii episcopi Alexandrinae urbis de eadem re. Item in eodem libri quattuor euangeliorum expositionem continentes, editi a Sedulio, viro scolasticissimo, ad Macedonium presbiterum[a]. Item in eodem capitula tredecim ex libro sententiarum Isidori episcopi. Item in ipso omeliae tres beati papae Gregorii super Ezechielem prophetam. Item in eodem sancti Leonis papae epistola ad Flavianum Constantinopolitanae urbis episcopum adversus heresim Euticetis presbiteri.

Laborabat autem idem egregius pater frequenter podagrico dolore; in infirmitate tamen positus, sicut et semper facere consueverat, Dominum attentissime conlaudabat, sciens scriptum esse: *Flagellat Deus omnem filium quem recipit*, et illud: *Quem amat Dominus castigat*. Transactis vero septem circiter annis post suscepti regiminis curam, luminibus oculorum prae nimio aetatis senio privatur. Tunc una cum consensu ac generali fratrum voluntate eligit pro se venerabilem virum nomine Austrulfum, qui erat praepositus huius coenobii, regiminis loco subrogandum. Quo facto, missa petitione ad Pippinum principem, obsecrat, ut suae et fratrum electioni assensum praeberet, suaque ex auctoritate idem Austrulfus coenobio huic praeficeretur. Quod ita et factum est. Ipse vero venerabilis pater Wando bonis operibus insistens, in aecclesia beati Petri sedule residens, agonem suum triumphatori Christo ieiunando, orando, vigilando commendabat. Quantum vero ferventissimus in praeceptis Domini adimplendis extiterit, quotque virtutum speciebus adornatus fuerit, imbecillitati meae prosequi ponderi fore constat. Testantur plurimi qui illum viderunt; ideo non *necesse aestimo universa de eo inserere, ne legentibus nausiam fecisse videar. Victimam quoque hostiae salutaris, quandiu capitis habuit lumina, immolabat cotidie.

Anno denique Hildeberti regis secundo, ut supra taxavimus, ad conversionis gratiam venit fecitque in monachico voto annos ferme sexaginta; quibus expletis, decrepitae iam aetatis senio confectus, praesentis vitae debitum complens,

---

a) donium pr**ü**m *quatuor lineis superius scripta sunt in spatio lineae vacuo, ubi signo indicatur ea huc trahenda esse.*

ad aeternam migravit requiem anno ab incarnatione Domini circiter 756, qui erat Pippini regis annus quintus*. Sepultusque est in aecclesia beati Petri iuxta beatos Christi confessores, in absida eiusdem basilicae ad meridianam plagam. Nam Bertgaudus monachus, qui eum sepulturae tradidit, referre erat solitus, quoniam, dum eum posuisset in sarcofago more mortuorum, subito conversum fuisse seque in dextro latere collocavisse, sicuti moris est vivorum in stratu agere, viventisque effinxisse speciem. Rexit istud coenobium primo annis quinque, secundo, id est post reditum sui de exilio, annis ferme septem [1]. Transiit autem 15. Kalend. Mai. Explicit.

14. Gesta Austrulfi abbatis.

Austrulfus, vir venerabilis, a patre Sindulfo matreque Wilberta vocabulo ortus, territorio Curtriacensi [2], abbas constituitur, sicut supra adnotatum est, una cum consensu ac electione fratrum, annuente ordinationi eorum pio principe Pippino. Quod factum esse constat sub anno incarnationis domini Christi 747. Hic egregius pater amator huius coenobii ac fortissimus rector extitit curamque maximam de statu regulae ac observatione legis Dei habuit. Denique tempore praedicti patris Wandonis praepositurae ordinem cum magna gessit moderatione ac cautela, fratribusque suis sufficientem alimoniam semper impertiri studuit, verbique divini pabulum sedule ministravit suisque in actibus imitandus omnibus apparuit; unde factum est, ut pro huiusmodi meritis sinceraeque conversationis exemplis abbatis promeruerit honorem. Quo in culmine constitutus, ita se in omnibus exhibuit inreprehensibilem, ut castos eius actus omnes imitari vellent; nam quicunque docentem illum audiebat, aliter operantem non redarguebat.

Sub huius igitur tempore, ut videri potest, magnum miraculum conditor mundi omnipotens Deus ac pretiosum thesaurum populis illis in pago Coriovallinse [3] residentibus ostendere dignatus est. Nam comitatum eiusdem pagi tenente Rihwino comite, vas quoddam ad instar parvi fari in medio maris iuxta locum qui vocatur Portus-Ballii [4] super aquas ferri visum est, sicque paulatim appropinquando in ipso emporio constitit. Quod cernentes vicani, more vulgi mirari coeperunt, quidnam hoc fore velit. Deinde ad

*) *Edd. ex altero codice add.:* Widonis laici vero abbatis annus primus.

1) *Inter annos* 742. *et* 747. *non septem, sed quinque anni interfuerunt.*
2) *Courtrai.* 3) *Cornu illud Galliae, in quo Cherbourg situm est, complecti videtur; cf. ea quae disserit Le Prévost in 'Annuaire hist. p. l'année* 1838.' *p.* 256. 4) *Portbail, insulae Jersey oppositus.* VALES.

comitem accedunt, rem novam pandunt; sicque una cum comite religiosos quosque viros ac sacerdotii dignitate fulgentes ad hoc inauditum spectaculum invitant. Qui propius accedentes, cum grandi pavore, fide tamen maiori, inspiciunt in latere eiusdem turriculae hostiolum sera firmatum. Quod reseratum introspicientes, reppererunt codicem pulcherrimum quattuor euangelia continentem, Romana littera[1] optime scriptum, membranis mundissimis honestaque forma confectum, iuxta quem inveniunt et capsam; quam aperientes, reppererunt partem ex pretiosissima maxilla beati Georgii martyris cum aliis plurimis pigneribus diversorum sanctorum, insuper salutiferi ligni dominicae crucis. Quod in eadem capsa litteris singillatim declaratum erat. Deinde, indicto ieiunio, quid agendum sit, deliberant. Expleto namque ipso ieiunio, plaustrum praeparant, cui praedictum farum imponerent, ut quo Domini decrevisset voluntas perferretur. Duabus quoque vaccis eidem plaustro applicitis, summi Arbitri praestolabantur nutum. Nec mora, eaedem vaccae concito gradu cum ipso plaustro, populis expectantibus atque prosequentibus, sine ductore ac ullius bubulci administratione ad eum locum qui usque nunc Brutius[2] vocatur pervenerunt.

Erat autem possessio cuiusdam illustris viri. Ibi namque ut aecclesia construeretur in honore beati Georgii martyris, omnibus placuit; comes tamen praedictus primus in hoc negotio erat, qui una cum populis sibi subditis condidit in eodem loco basilicam in honore beati Georgii martyris. Duaeque aliae aecclesiae, id est una in honore sanctissimae *matris perpetuaeque virginis Mariae, altera in sanctae Crucis est fabricata veneratione; ubi, praestante divina clementia, obtentu sanctorum, quorum pignera sacratissima cum particula pretiosi capitis sancti martyris Christi Georgii servantur, tanta fiunt usque ad praesens miracula, ut, nisi a fidelibus qui noverunt Dominum plurimas in sanctis suis operari virtutes, fidem excedant. Est autem idem vicus in ardui montis planiciae[a] situs, cui ab australi plaga fluvius adiacet qui vocatur Undua, distans ab eo loco milia plus minus duo. Turriculae autem illius formam, in qua haeedem[a] reliquiae conditae erant, quia vidi, etiam descripsi. Est autem formae quadratae, ex quattuor videlicet angulis ab imo assurgens, et ita opus omne paulatim minuendo in latitudine in summo angustum redditur, ut piramidam reddat in altitudine uniusque mali parvi conclusione solidetur. Habet quoque in medio sui solariolum, in quo codex ille euangelicus cum capsa illa servabatur, cui desuper aptum est laquear.

a) sic c.
1) Cf. supra p. 38, n. 2.   2) Brix.

Eminet in altitudine pedum circiter octo, in latitudine plus minusve trium. De qua vero parte aut loco aut qualiter in ipsum pagum pervenerit, ab universis incolis eiusdem loci usque ad praesens incertum habetur. Invenitur autem in Gestis beati Zachariae papae, qui nonagesimus tertius a beato Petro apostolo Romanam rexit aecclesiam, ita per ordinem scriptum [1]: *Huius temporibus magnum thesaurum dominus Deus noster in hac Romana urbe per eundem almificum pontificem propalare dignatus est. In venerabili itaque patriarchio sacratissimum beati Georgii martyris isdem sanctissimus papa in capsa reconditum repperit caput. In qua et petatium* [a] *pariter invenit litteris exaratum Grecis, ipsum esse significantibus. Qui sanctissimus papa omnino satisfactus, ilico aggregato huius Romanae urbis populo, cum himnis et canticis spiritalibus in venerabile diaconium eius nomine, situm in hac Romana civitate, regione secunda ad Velum-aureum* [2], *illuc* [b] *deduci fecit. Ubi inmensa miracula et beneficia omnipotens Deus ad laudem nominis sui per eundem sacratissimum martyrem operari dignatur.* Unde remur, aliquos venerabiles viros aut de Brittannia, id est gente Anglorum, qui maxime familiariores apostoiicae sedi semper existunt, aut de Germania vel de quacunque provintia, ad quam intrandam mare transeundum est, tunc temporis in Romana affuisse urbe, praefatasque reliquias ab ipso pontifice acceptas, dum domum redire vellent, in mari correptos naufragio aut qualicunque discrimine, sicque ipsa pignera amisisse, nutuque Dei in idem territorium advecta fore, ubi usque nunc a fidelibus populis summa excoluntur veneratione. Consequenti quoque tempore quidam paterfamilias nomine Bernehardus, quia eius possessio erat, in qua ipsa basilica praedicti martyris sita videtur, huic coenobio eam contradidit, sicque in ditionem huius loci pervenit. Haec de advectione reliquiarum beati Georgii martiris, prout auditu didici vel in scriptis eiusdem pontificis inveni aut etiam ipse vidi, quia tempora convenientia inveni, memoriae mandare curavi. Nam eodem quo advectae sunt tempore et Zacharias apostolicus et Pippinus princeps et Rihwinus comes extiterat, ideo nulla de hoc est dubitatio. Nam et codicem illum euangelicum, ut scriptura idem insinuat, in Romulea urbe scriptum constat.

Huic egregio patri Austrulfo edidit gloriosus rex Pippinus [3] privilegium sacrae suae auctoritatis, in quo prae-

a) *manus posterior correxit* pitatium.   b) *manus aliena correxit* illud (sc. caput).

1) *Liber pontific. Vita Zachariae, ap. Migne* CXXVIII, *p.* 1059.   2) *San Giorgio in Velabro.*   3) *Hunc non satis accurate iam regem nominari, annotat Hahn, 'Jahrb.' p.* 119, *n.* 3.

cepit, ut nullus iudex neque exactor rei publicae gentis Francorum ad causas audiendas ac freda exigenda nec fideiussores accipiendos nec ad ullam exacturam gerendam potestatem huius coenobii ingredi audeat, sed sub perhenni sua defensione ac protectione secura in aeternum[a] ab omni quaerimonia valeret permanere[1]. Quod privilegium in scriniis huius nostri coenobii pro munere sacro adhuc conservatur. Aeditum est anno dominicae incarnationis 750[2], die 8. Iduum Iuniarum, Vermeria[3] palatio regio. Quo[4] anno idem gloriosus Pippinus ex consultu beati Zachariae papae urbis Romae a Bonifacio archiepiscopo unctus. rex constituitur Francorum, ablato principis nomine. Unde rumor potentiae eius et timor virtutis in universas transiit terras. Et Hildericus rex, Meroingorum ex genere ortus, depositus tonsusque ac in monasterio Sancti Audomari quod dicitur Sidiu trusus est. Cuius filius nomine Teodericus in hoc[5] monasterio anno sequenti clericus effectus collocatus est.

*Hic namque venerabilis pater post suscepti regiminis annum sextum, accensus igne divini amoris, partibus Romuleae urbis ad limina beatorum apostolorum Petri et Pauli iter disposuit. Convocatisque fratribus, devotionem quam animo conceperat liquido promit. Tunc omnes unius vocis clamore haec contradicunt, dicentes se nunquam eum deserturos. Et contra ille causa suae salutis et illorum, corpore humi prostratus, profecturum se velle proclamabat. Quid multa? Videns universa caterva fratrum, flebilibus eius precibus se obviare non posse, conticuit piique patris petitionibus cessit. Demum benedictione percepta, omnibus fratribus pacis osculum dedit, sicque suum iter direxit, deducentibus eum plurimis lacrimarum imbre perfusis. Perveniens autem Romanae urbis ad arces tempore Stephani papae, vota sua omnipotenti Deo ac beatis eius apostolis reddidit, ac'sic a moenibus eiusdem urbis iter convertens, patriam locumque suae nativitatis repetere satagebat. Perveniens autem ad monasterium Sancti Mauritii martiris et sotiorum eius in Agaunum[6], ibidem a febre, quam diu protraxerat, ingravatus, consortiis humanis subtractus, obiit in Christo 18. Kal. Octobrium, ibique digno in loco honorabiliter sepulturae traditus est. Haec de eo narrare erat solitus bonae recordationis Harduinus, cellae sancti Saturnini martiris pres-

---

a) aeternam *post corr.* aeternum *c.*

1) *Utrum his verbis immunitas cum speciali defensione an immunitas simplex intellegatur, fusius disserit Sickel, Acta Karol. II, p. 367.* 2) *Rectius a.* 751. *vel* 752; *cf. Oelsner, 'Pippin' p.* 24; *Sickel, Acta Karol. II, p.* 368; *Mühlbacher nr.* 67. 3) *Verberie.* 4) *Nota, anno demum* 751, *Nov. Pippinum constitutum regem Francorum esse.* 5) *i. e. Fontanellensi.* 6) *St. Maurice in Vallisiorum pago.*

biter, qui sub eius tempore hoc in coenobio clericatus suscepit habitum. Tenuit autem huius coenobii regimen annis ferme sex.

15. Gesta Widonis abbatis.

Wido laicus ex pago Oximense, patre Irmino nomine, matre Witbolda, camerarius Teutsindi quondam abbatis, eiusque sub cura educatus est. Hic matriculam[1] beati Martini Turonensis in beneficii iure, Teutsindo haec eadem largiente, aliquandiu post obitum illius tenuit. Defuncto vero Austrulfo patre monasterii Fontanellensis, statim iste ad palatium ire deliberavit, plurima donaria auri argentique secum deferens, quae Pippino regi ac suis satellitibus collata, ut obtaverat, abbas constituitur, anno secundo postquam idem Pippinus regale adeptus fuerat fastigium, qui est annus dominicae incarnationis 753[a], indictione 6. Hoc anno papa Stephanus venit ab urbe Roma in Frantiam[2], et Carlomannus, frater Pippini, post illum, et filii praedicti Karolomanni attonsi sunt, et frater Pippini[b] occisus est. Sub huius tempore, id est anno quarto regiminis sui et Pippini regis quinto, beati Petri aecclesia igne succensa est; quam ipse cum adiutorio regali in maiori eligantia reparavit sublimiorique fabrica decoravit.

Sub huius etiam temporibus plurimae res aecclesiae perierunt, quas ipse regiis hominibus ad possidendum contradidit, miserabile sibi faciens memoriale, quae usque hodie de eiusdem coenobii ditionibus permanent ablatae. Pro qua etiam occasione status regulae periclitari coepit, ob inopiam videlicet compescendarum indigentiarum, quas beatus pater[c] Benedictus in eadem lege monachis porrigendas praecepit. Hic etiam aecclesiae ditionibus dimisit capsam euangeliorum paratam, quam ipse fabricari iusserat cum auro et argento ac gemmis, unam, calicem argenteum deauratum unum, urceos Alexandrinos cum aquamanilibus duos, cornu fabricatum unum, pulvillos sericos sub euangelium[d] ponendos tres, turibula argentea duo, hanappos[3] argenteos deauratos duos, dalmaticam unam, casulas sericas quinque, tabulas fabricatas ante altaria octo, pallia tria, pallas corporalium[4] quinque, antiphonarium Turonensis[e] unum, libellum de miraculis sancti Andreae apostoli unum. Erat quippe fere gnarus litterarum; qui depositus est Petreoponte villa

---

a) DCCLIIII, *radendo corr.* DCCL≣III. b) Grippo *add. edd.* c) *alio atramento suprascriptum c.* d) euangt *c.* e) *adde:* ecclesiae.

1) *Domus alendis pauperibus.* 2) *Vide Jaffé-Ewald, Reg. pont. Rom. p. 272. 273.* 3) *Vas, patena, Germanice* napf. 4) *Palla qua sacrificium contegitur in altari.*

publica sub anno Domini 787 indictione 10, octavo Kalend. Octobris[a], qui est annus vigesimus gloriosissimi Karoli regis Francorum et quintus decimus Adriani apostolici. Sepultus autem in aecclesia beati apostoli Petri subtus arcum introitus absidae est. Rexit autem hoc coenobium annis[b] triginta quinque et menses octo, dies tredecim[1]. Haec vero est summa de rebus eiusdem coenobii, quae praecepto invictissimi Karoli regis adnumerata est a Landrico abbate Gemmetico ac Richardo comite anno vigesimo regni sui, qui est obitus praedicti patris. Primitus etenim de his quae ad usus proprios fratrumque stipendia pertinere videntur sunt mansi integri reperti *numero 1326, medii 238, manoperarii 18, qui fiunt simul 1569[2]; absi[3] 158, molendina 39. In beneficiis vero relaxati sunt mansi integri numero 2120, medii 40, manoperarii 235, qui simul iuncti fiunt 2395, absi 156; habent ipsi molendina 24. Summa namque universitatis praesentium rerum inter integros medios atque manoperarios reperti sunt mansi 4264, exceptis his villis quas Wido laicus aut regiis hominibus contradidit aut etiam sub usufructuario aliis concessit; quod omnimodis facere non debuerat. Duos etiam annos accepit regimen coenobii Wido laicus, antequam Remigius cathedram episcopalem Ratumagensis urbis subiret. Eratque ipse praesul atque praefatus pater amicitiae iure coniuncti. Huius denique amministratione coenobii dum gloriosissimus Pippinus rex ad sepulchrum almifici patris nostri Wandregisili accessisset orationis gratia, illam inanem postulationem fratres nostri eidem suggesserunt, quae omnibus est notissima. Quamquam ipse praedium quoddam eis largiri dispositum haberet.

*p. 291.

16. Gesta Gervoldi abbatis.

Gervoldus, ex patre Walchario, matre vero nomine Walda, rexit istud coenobium annis fere 18. Hic ex nobilibus parentibus ortus, dein clericus effectus atque ad palatium perductus, Bertradae reginae[4] capellanus efficitur. Cuius obtentu Ebroicinae civitatis sedes, defuncto eiusdem urbis praesule, a domno rege Karolo ei attributa est. Sed et rebus humanis exempto praefato Widone laico, idem Gervoldus suggestione sua a domno ac invictissimo rege Karolo praefatum coenobium, episcopatu deserto, impetravit, anno videlicet

a) *haec tria verba manu, ut videtur, scriptoris codicis in marg. suppl.;* decimo octavo K. O. edd.
b) *sic c.*

1) *Nota, auctorem nostrum male computasse, ab anno enim 753. ad annum 787. transierunt anni 34.*   2) *Immo* 1584.   3) *Vide Guérard, 'Polyptique d'Irminon' p.* 589; *Waitz, 'Altdeutsche Hufe' in 'Abhandl. d. Ges. d. W. z. Gött.' VI, p.* 220.   4) *Uxor Pippini, mater Karoli Magni.*

iam tertio postquam Bertrada matrona obierat[1]. Sepefato namque Widoni laico erat nepos, id est sororis suae filius, nomine Witboldus, gloriosissimi regis Karoli tum temporis capellanus, cui praefatum monasterium post avunculi sui recessum ad regendum promissum fuerat; sed dum is ad Constantinum[2] imperatorem Grecorum ac Hyrenem a domno rege Karolo cum alio legatario nomine Iohanne causa legationis directus fuisset ac per annum et sex mensium spacia in redeundo moram faceret, praedicto Gervoldo sepefatum coenobium collatum est. Causa autem legationis erat super Ruatrude, filia Magni Karoli, quam isdem imperator Constantinus ad coniugium petebat[3]; sed illo hac legatione pro qua directus fuerat strenuissime functo ac reverso, monasterium Sancti Sergii, quod in territorio Andegave urbis situm est, a domno ac invictissimo rege eidem noscitur adtributum; quod postea per plurimos feliciter rexit annos. Gervoldus vero, ut praefati sumus, huius Fontinellensis coenobii constituitur rector anno dominicae incarnationis 787, qui erat annus vigesimus primus Karoli regis[4].

Eodem anno invictissimus rex Karolus, conventu celebrato in Ingilhaim[5], partibus Baioariae properare cum immenso exercitu disponit. Ipsoque tempore sine bello ac ulla exercitus sui molestia tradidit fortis praeliator Deus regnum Baioariae in manus excellentissimi regis Karoli, et Tassilo dux gentis eiusdem tonsus est atque in Gemmetico trusus coenobio.

Hic nempe Gervoldus super regni negotia procurator constituitur per multos annos, per diversos portus ac civitates exigens tributa atque vectigalia, maxime in Quentawich[6]. Unde Offae regi Anglorum sive Merciorum potentissimo in amicitiis valde cognoscitur adiunctus. Extant[7] adhuc epistolae ab eo ad illum, id est Gervoldum, directae, quibus se amicum ac familiarem illius carissimum fore pronuntiat. Nam multis vicibus ipse per se iussione invictissimi regis Caroli ad praefatum regem Offam legationibus functus est. Novissime vero propter filiam eiusdem regis, quam in coniugium expostulabat Carolus iunior; sed illo hoc non acquiescente, nisi Berta, filia Magni Karoli, eius filio nuptui traderetur, aliquantulum potentissimus rex commotus[8], praecepit, ut nemo de Brittania insula ac gente Anglorum mercimonii causa

---

1) *Obiit* 4. *Idus Iul. a.* 783. 2) *VI, Porphyrogenitum.* 3) *De hac legatione cf. Abel, 'Karl d. Gr.' I, p.* 470 *sq.* 4) *Utrum a.* 787. *an* 788. *Gervoldus monasterii regimen susceperit, diiudicari nequit, annorum notationibus inter se pugnantibus. Vide Abel l. l. I, p.* 472, *n.* 2. 5) *Conventus a.* 787. *Wormatiae, Ingelheimensis a.* 788. *habitus est.* 6) *Wicquinghem, infra St.-Josse-sur-mer ad ostium fluminis la Canche.* 7) *Hic noster Einhardum in Vita Karoli cap.* 16. *imitatus est.* 8) *Alias dissensionis causas a viris doctis indicatas reprobat Simson, 'Karl d. Gr.' II, p.* 8.

litus oceani maris attingeret in Gallia¹. Sed ne hoc fieret, ammonitione ac supplicatione venerandi praedicti patris Gervoldi inhibitum est.

*Hic nempe de rebus aecclesiae nostrae iniuste ablatis * *p. 292.* aut etiam spontanea patrum coenobii voluntate regiis hominibus contraditis, suggestionem suam Magno imperatori Karolo patefecit eiusque ex sacra auctoritate privilegium accepit², ut, quicquid iniuste ablatum erat, in iure ac potestate eiusdem aecclesiae reciperet. Hic dedit in aecclesia beati Petri cruciculam auream unam, inaures sex, fibulam unam, anulum aureum unum, bismonem³ unum, cruciculam cum auro et argento unam, calices argenteos tres cum patenis eorum, offertoria duo cum patenis eorum, turibulum argenteum unum, buticulam argenteam unam, fialas argenteas duas, coclearia argentea duo, situlam⁴ de auricalco unam, planetas casulas quatuordecim, dalmaticas maiores duas, minorem unamᵃ, pallia diversa duodecim, sagiam⁵ unam, fanones⁶ duos, albas viginti octo, amictus viginti, lintea quadraginta, villosa duodecim. De libris vero: Pentateucum Moysi codicem unum, minorum prophetarum codicem unum, expositio sancti Augustini in euangelio Iohannis codices duos, librum Enkiridion sancti Augustini codicem unum, omeliare diversorum auctorum volumen unum. De aedificiis vero: basilicam sancti apostoli Petri plumbo cooperuit, similiter sancti Michaelis archangeli; caminatam fratrum a fundamentis aedificavit; domum etiam infirmantium fratrum emendare studuit. Coquinam fratrum iam pene dirutam in maiori eligantia reparavit; sacrarium aecclesiae a fundamentis aedificavit. Scolam in eodem coenobio esse instituit, quoniam pene omnes ignaros invenit litterarum, ac de diversis locis plurimum Christi gregem aggregavit optimisque cantilenae sonis, quantum temporis ordo sinebat, edocuit. Erat enim praefatus Gervoldus, quamquam aliarum litterarum non nimium gnarus, cantilenae tamen artis peritus vocisque excellentia ac suavitate non egenus.

Sub huius tempore bonae recordationis presbiter egregius nomine Harduinus florebat, qui in cella clari martyris Saturnini, quam beatus Wandregisilus aedificaverat, ob gra-

a) unum c.

1) *Cf. Alcuini epistolam* 14. *ad Colcum presbyterum, ap. Jaffé, Bibl. VI, p.* 167, *ex qua laudare liceat haec verba:* Aliquid enim dissensionis, diabolico fomento inflammante, nuper inter regem Karolum et regem Offan exortum est, ita ut utrimque navigatio interdicta negotiantibus cessat.
2) *Inter annos* 801. *et* 806; *cf. Sickel, Acta Karol. II, p.* 367. 368.
3) *Res incognita; fortasse bacinum.*   4) *Vas et mensura liquidorum.*
5) *Panni genus asperum.*   6) *Indumentum sacerdotis missas celebraturi in manibus.*

tiam vitae contemplativae remotior degens, quae sita in latere montis plagae aquilonalis praefatum coenobium spectat, plurimos arithmeticae artis disciplina alumnos imbuit ac arte scriptoria erudivit; erat enim in hac arte non mediocriter doctus. Unde plurima aecclesiae nostrae proprio sudore conscripta reliquid volumina, id est volumen quatuor euangeliorum Romana littera [1] scriptum, epistolarum Pauli apostoli volumen unum, sacramentoria volumina tria, lectionarium volumen unum, item lectiones euangelii volumen unum, omeliarum quadraginta Gregorii papae volumen unum, librum de aritmetica cum epistolis de ratione paschali volumen unum, librum sancti Augustini de civitate Dei ab undecimo usque ad decimum octavum volumen unum, librum Bedae de naturis rerum ac temporibus volumen unum, psalterium cum canticis ac himnis Ambrosianis ac terminis paschalibus volumen unum, librum vitarum sancti Wandregisili, Ansberti ac Wulfranni confessorum Christi volumen unum, quaestionum sancti Ansberti ad Siwinum reclausum volumen unum, antiphonarium Romanae aecclesiae volumen unum. Dedit etiam calicem argenteum cum patena, turibulum argenteum unum in ministerio aecclesiae, quae ipse ad sacrificium Deo offerendum secum habuit, quandiu remotiorem vitam duxit. Hic etiam religiosus vir Romam, praesidente in sede eiusdem aecclesiae Adriano apostolico, ad limina apostolorum orationis ac visitationis gratia locorum etiam sanctorum profectus est prospereque Domino comitante reversus. Qui depositus est senex et plenus dierum sub anno imperii Magni imperatoris Karoli undecimo, regni autem eius, quod per quadraginta septem annos tenuit, quadragesimo quarto, qui erat dominicae incarnationis octingentesimo undecimo, indictione quarta, tenente regiminis locum in Fontinella monasterio anno quinto Trasaro abbate.

Hic Gervoldus abba in aegritudine positus, de qua et vitam finivit, contulit huic coenobio res proprietatis suae, quas adquisierat in pago Ebroicino, hoc est illam aecclesiam sancti Paterni cum omnibus adiacentiis suis super fluvio Ittone, similiter in Villarcello et Maigoldi-valle atque in curte Anelauna et in Framsarias et in Rumbaude-curte. Aedita est haec largitio Petreoponte villa huius nostri coenobii 7. Idus Iunii[a]. Et post septem dies idem Gervoldus vitae terminum dedit 18. Kalend. Iulii, anno incarnationis domini Christi 806, indictione 7, qui erat annus regni Magni Karoli 38, imperii vero sextus. Rexit istud coenobium annis decem et octo, menses quinque, dies tredecim [2].

a) *sic correxit Pertz;* Ianuarii, *sed litterae* anuar *in rasura scriptae sunt c.*
1) *Cf. supra p.* 38, *n.* 2.   2) *Post Gervoldum Trasarus et Einhardus regimen coenobii tenuerunt, de quibus pauca infra p.* 50. *narrantur.*

17. Gesta Ansigisi abbatis.

Ansigisus [1], vir gloriosus ac tranquillus omnique scientia, divinae scilicet atque humanae philosophiae, sufficienter instructus, a patre Anastasio nomine matreque vocabulo Himilrada procreatus, divina ordinante dispensatione extitit [2] regendi locum istum ab anno dominicae incarnationis 822[a], qui erat annus Hludovici gloriosissimi augusti decimus, porro Paschalis [3] apostolici circiter septimus, sub die quarto Nonarum Aprilium, indictione 1. De cuius clara origine, vita, conversatione, moribus et actibus placet praesenti operi ea tantum inserere, quae lectoris animum non offendant. Nam secundum saeculi huius dignitatem ex nobili Francorum prosapia claram duxit originem, quam nobiliorem operum splendidorum reddidit exemplis. Duae vero clarissimae virtutes maxime in eo refulgebant, quarum prima illi fuit bene vivere, secunda recte docere. Denique, tenente locum regiminis huius coenobii Geroaldo abbate, propinquo suo, hoc accessit monasterium tonsuramque capitis ab eo suscepit. Deinde non multo post ad palatium eum perducens, in manus gloriosissimi regis Karoli commendare studuit. Defuncto vero Geroaldo, Trasarius hoc adeptus est coenobium, ac non post multum temporis praefatus domnus Ansigisus Flaviacum coenobium, quo[b] sanctus Germarus corpore requiescit, quod est situm in pago Belloacensi, a domno rege Karolo in precarium accepit, anno videlicet incarnationis domini Christi 807, qui erat annus Magni Karoli ex quo rex Francorum constitutus est 38, ex quo vero imperator et augustus appellatus est annus 7. Quod fere aedificiis destitutum ac in aegestate redactum[c] invenit; sed intra pauci temporis spatium nobili sua industria recuperare studuit. Omnia namque aedificia et publica et privata ipse ibidem, eliminatis atque proiectis his quae vetustate consumpta fuerant, a fundamentis construi atque in maiori eligantia restaurari fecit, veluti cunctis illo advenientibus palam est. Nam in praeceptis rei rusticae sagacissimus erat; unde factum est, ut diversarum frugum maxima illi copia nunquam deesset, quam semper larga manu cunctis indigentibus erogare noverat. Erat nanque elemosinarius valde pauperum refectorque profluus, ditator ac defensor aecclesiarum, clericorum nutritor, monachorum verissimus pater, peregrinorum laetissimus susceptor, viduarum ac pupillorum maximus adiutor. Denique ante Flaviacense

a) 823. *edd.*   b) quod s. G. fundavit ac corp. *edd.*   c) atque relictum *add. edd.*

1) *Idem, cui Capitularium collectionem debemus.*   2) *Cf. supra c.* 12, *p.* 34, *n.* 5.   3) *I, a.* 817—824.

coenobium duo alia ad regendum ab invictissimo Carolo ei commissa fuerant coenobia, unum quod est situm prope muros urbis Remensis in honore sancti Sixti primi eiusdem urbis praesulis constructum et est de ditione eiusdem civitatis, alterum in territorio Catalaunici castri, quo sanctus episcopus Mimmius^a corpore quiescit humatus. Quibus desertis, Flaviacensis rector constituitur anno supra scripto. Praeterea, dum praedictum Flaviacum iure precarii ac beneficii teneret, etiam exactor operum regalium in Aquisgrani palatio regio sub Einhardo abbate, viro undecunque doctissimo, a domno rege constitutus est[1]. Quod nobilissime administravit, atque in cunctis operibus suis prudenter se agebat. Plurimis vero eiusdem regis iussu legationibus strenuissime functus est.

Interea defuncto Magno Karolo imperatore augusto divae memoriae, Hludovicus, eius filius, in imperium elevatur. A quo idem domnus Ansigisus magnifice honorari meruit. Anno denique imperii sui 4. Luxovium[2], famosum Galliis coenobium, ad regendum beneficii iure eidem contulit. Quo anno Stephanus papa tertio mense postquam Romam remeaverat reversus de Francis, 8. Kal. Febr. vitae decessit; in cuius sede Paschalis successor efficitur. Luna eclipsin passa est Nonarum Februariarum die, hora noctis secunda. Abdiraman rex Sarracenorum legatos pro pace Compendium[3] ad imperatorem misit. Qui Compendio auditi et Aquisgrani iterum perrexerunt, tresque menses detenti, regi suo remissi sunt. Hoc etiam anno Bernardus rex Italiae in deditionem * apud Cavillonem[4] imperatori se tradidit. Sed his omissis, ad coepta revertamur.

Anno igitur imperii domni Hludovici augusti tertio Trasarus rector huius coenobii cum licentia eiusdem imperatoris locum suae nativitatis repedavit, ac Beneventi Campaniam regrediens, a Sigone duce, quem ex lavacro sanctae regenerationis susceperat, honorifice susceptus est. Post quem Einhardus hoc coenobium per septem ferme tenuit annos. Quod demum ultro derelictum, divina, ut credi fas est, iussione ac gloriosissimi imperatoris Hludovici largitione domnus Ansegisus ad gubernandum suscepit anno supra iam taxato. Quod tam sollerti studio summaque industria nobilitavit, ut novus Wandregisilus credi posset aut etiam magnus praesul Ansbertus redivivam ad lucem regressus fore putaretur. Verum sicut illi in exordio sui aedificiis^b nobilitarunt, clerum auxerunt, disciplinis aecclesiasticis imbuerunt, ita iste diruta emendare studuit ac vetustate consumpta in maiori eligantia reparavit, clerum nobilissime auxit ac

---

a) Memmius *edd.*   b) coenobium *supplendum esse videtur.*

1) *De hoc loco cf.* Wattenbach, 'Deutschl. GQ.' ed. 5. *I, p.* 172, *n.* 1.
2) *Luxeuil.*   3) *Compiègne.*   4) *Chalon-sur-Saône.*

regulari ordine secundum egregii patris Benedicti normam ut vitam degerent, multipliciter decertavit. Nam ex desidia priorum patrum, qui gregis sibi commissi curam minus devote gesserunt, status almae regulae praedicti patris Benedicti iam quasi casurus videbatur, licet illi qui Domino militabant canonico ordine inreprehensibiliter conversarentur. Contigerat enim ob incuriam, ut iam dixi, praelatorum, qui ea quae regulae auctoritas sacrae dare mandabat parvipendendo impertire distulerant, sed praedictus reverentissimus pater Ansegisus hoc modis omnibus sategit, ut in pristinum statum et legem recuperaret, iuxta quod voluntatem domni imperatoris super hoc noverat, et quae regulae auctoritas dare mandabat largiri modis omnibus non neglegeret. Denique ex Luxovio coenobio, qui[a] in Galliarum terris in religione ac regulari disciplina non inferius usque ad praesens videtur, monachos Deum timentes virosque religiosos secum adduxit, qui et legem istinc monachorum docerent et exempla salubria ostenderent, licet olim a viro iusto Benedicto abbate Fossatensis[b.1] coenobii eruditi in hac philosofia fore viderentur. Qui plurimis diebus in hoc monasterio conversantes, nonnulla exempla doctrinae ac bonitatis suae istic reliquerunt. Nam, ut vere fateor, non inferius Franciae seu Galliae monasteriis istud in omni religione comparabatur coenobium. Nec mirum, si tempore ducis optimi milites Christi per viam regiam incederent, licet nunc Christi caritas non sit refrigerata, cum utique signifer sanctissimae disciplinae idem existeret, qui omnibus imitandus apparebat. Quicunque enim illum audiebat praecipientem, non redarguebat aliter operantem. Testimonium veritati, non amicitiae, reddebat. Sermones eius utiles magis quam faceti esse noverant; a verbis quoque turpibus per omnia abstinebat, sciens, quia licentia eorum impudentiam nutrit. Quattuor quoque virtutes, quas omnis homo praecipue tenere debet, in eo refulgebant, prudentia videlicet, fortitudo, temperantia atque iustitia. Sermo nempe eius numquam inanis extitit, immo subditis sibi aliisque aut suasit bona agere aut monuit recta docere aut consolatus est dolentes aut praecepit fidem Deo aeterno et immortali regique terreno inviolatam servare; quae etiam in suis actibus primus adimplere curavit. Quaecunque vero ex rebus transitoriis possedit, nil magni aestimavit, sed potius caducum esse credidit; ideo gazas suas monasteriis ac egenis distribuere satagebat, thesaurizans sibi thesauros in caelo, quo fur non appropiaret neque tinea devoraret. Vitiorum per omnia fugax extitit; aliorum vero

cf. Luc. 12, 33.

a) sic c.   b) Fossacensis c.
1) *S. Mauri*, *St. Maur-les-Fossés*.

neque acerbus reprehensor neque curiosus scrutator. Cunctis denique benignus, in adversis firmus, in prosperis cautus et humilis. Iustitiae postremo virtutem quam magnifice tenuerit, testantur legationes, quibus iussu augustorum frequenter functus est, maxime ea quae tempore domni Hludovici magni imperatoris iussu eiusdem partibus marcae Hispanicae celebrata est adversus Gautselinum custodem limitis illius. Erat enim in sermone verissimus*, in bonis operibus promptus, in iudicio iustus, in consilio providus, in bonitate conspicuus, in caritate praeclarus, fide catholicus, elemosinis dives, vigil ingenio, promptus eloquio, flagrans studio. Utile nempe vas in domo Domini Deo sedule serviens, errantes corrigens, correctos fovens, obstinatos spernens, humiles semper diligens, regi terreno subiectus, Christo dominatori omnium devotus. Quantum vero in aecclesiasticis curis intentus fuerit, testantur munera in coenobiis *eius curae subditis ab ipso collata. In Luxoviensi namque coenobio haec dona obtulit: crucem auream mirifice factam, gemmis pretiosissimis decoratam, habentem baculum argento coopertum, quem secum solitus erat in itinere baiulare; offertorium aureum cum patena sua aurea opere mirabili; calices argenteos tres deauratos anaglifico opere patratos; hanappum argenteum opere optimo factum, habentem limaces aureos quatuor in fundo exterius sibi adnixos^a; aquamanile et urceum argenteum mirabili opere. Altare illud in honore perpetuae virginis Mariae decoravit lignea tabula, quam imaginibus argenteis diversis cooperuit. De vestimentis vero: dirodimum optimum unum, planetas casulas quinque, cindados[1] duodecim coloris diversi, dalmaticas tres, pallia fundata[2] sex, tapetia optima octo. Aecclesiam sancti Petri altiorem in fabrica sua muros eius exaltans reddidit ac cum clavis ferreis eam cooperuit. Porticum praeterea quae vadit de aecclesia sancti Petri ad Sanctum Martinum a novo fecit, et eam cooperiens, scindulas eius ferreis clavis affixit.

De coenobio Fontanellae. In hoc igitur Fontanellensi coenobio haec munera contulit: calicem[b] aureum mirifice factum, duas hinc inde habentem ansulas gemmis pretiosis decoratum, qui pensat libram; alterum argenteum anaglifico opere factum operis mirandi cum patena sua argentea; offertorium argenteum eiusdem calicis habens effigiem mirifici operis; alia offertoria argentea cum patenis argenteis earumdem; coronam

*) *Edd. add.:* in fide firmissimus.

a) *sic c.*   b) *in edd. verba* calicem — ornatumque tabulis eburneis *sequuntur* Portionem magnam — et diebus sedecim.

1) *i. q.* cendala, tela subserica vel pannos sericos.   2) *Aut auro texta aut ad formam retis piscatorii facta; vide Ducange s. v.*

maiorem argenteam cum lampada sua argentea optimam unam; item lampadam argenteam unam; turibulum argenteum optimum unum; candelabra argentea tria, habentia solidos nonaginta, id est unumquodque triginta; sigilla aurea mirifica cum preciosis lapidibus numero duo; urceum argenteum cum aquamanili optimum unum; cuppas vitreas auro ornatas duas, eburneam unam mirifice factam; busticas[a] eburneas duas; hanappum vitreum optimum unum. Quatuor euangelia in membrano purpureo ex auro scribere iussit Romana littera [1], ex quibus Mathei, Iohannis et Lucae complevit, sed, interveniente morte eiusdem, reliquum inperfectum remansit. Lectionarium etiam in membrano purpureo similiter scribere iussit, decoratum tabulis eburneis; antiphonarium similiter in membrano purpureo argenteis scriptum litteris ornatumque tabulis eburneis. Portionem magnam ligni salutiferae crucis domini dei ac salvatoris nostri Iesu Christi inclusam auro, quod rotundo scemate formatum erat, eiusque in medio cristallum positum, ita ut figura sanctae crucis intuentibus intus appareret. Quod postea, praepedientibus peccatis sive alio quolibet casu, de frontispicio lecti protectoris nostri beati Wandregisili fures sustulerunt, perforata maceria basilicae sancti Petri; quod factum est pridie Nonas Decembris dominica [2], expletis post obitum eiusdem gloriosi patris mensibus tribus et diebus sedecim [3]. De palliis[b] vero: pallia quae dicuntur fundata tria, stauracin [4] duo, stragulum Hispanicum unum, tapetia quatuor, dalmaticas ministrorum ministerio aptas numero sex, roccum subdiaconilem unum, coccum [5] unum, tunicam sacerdotalem Indici coloris [6] cum vestimento integro unam, planetas casulas quatuor, casulas item ex cindato Indici coloris numero tres, viridis coloris item ex cindato numero tres, item rubei sive sanguinei coloris cindatum unum, blatteam [7] item casulam unam. De cappis vero: cappas Romanas duas, unam videlicet ex rubeo cindato et fimbriis viridibus in circuitu ornatam, alteram ex cane Pontico quem vulgus bevurum [8] nuncupat, similiter fimbriis sui coloris decoratam in orbe; linteum optimum unum; facistergium optimum unum; fanones optimos duos, unum auro decoratum, alterum stauratio; item de cindato duos; pulvinaria serica, euangelicis officiis apta, maiora duo, minus unum; cingula Romano opere facta, auro decorata duo; mappulas duas, stolas duas.

a) pixidas *edd.* b) vestimentis v. ecclesiasticis largitus est *edd.*

1) *Cf. supra p.* 38, *n.* 2.   2) *A.* 833. *Dec.* 4. *fuit feria quinta.*   3) *Immo mensibus* 4, *diebus* 14; *cf. infra p.* 60.   4) *Colore mali Cydonii.*   5) *i. e. cottum, tunicam.*   6) *Caerulei, purpureo mixti.*   7) *Purpuream.*   8) *Germanice 'bieber', castor.*

De libris vero[a]: bibliotecam [1] optimam, continentem vetus ac novum testamentum cum praefationibus ac initiis librorum aureis litteris decoratis; sive libros expositionum beati Augustini in Genesi ad litteram volumen unum. Eiusdem explanationum in omnibus psalmis volumina tria. Eiusdem contra Iulianum hereticum volumen unum. Item eiusdem librum qui dicitur Enkiridionis volumen unum. Item librum eiusdem qui dicitur 'Unde malum' volumen unum. Item librum epistolarum eiusdem ad diversos volumen unum. *Item librum eiusdem qui praetitulatur de doctrina christiana volumen unum. Item eiusdem decem[b] cordarum volumen unum. Item super epistolam Iohannis volumen unum. Item eiusdem adversus epistolam fundamenti[2] volumen unum. Omeliare eiusdem volumen unum. Expositionem beati Ambrosii in Lucae euangelium volumen unum. Epistolarum eiusdem ad diversos volumen unum. Item eiusdem librum qui dicitur de bono mortis volumen unum. Item eiusdem de Ioseph ac duodecim patriarchis volumen unum. Epistolarum sancti Hieronimi volumen unum. Epistolarum sancti Sixti episcopi volumen unum. Historiarum Iosephi volumen unum. Tagii[3] sententiarum volumen unum. Excerptionum Paterii de vetere ac novo testamento ex opusculis beati Gregorii papae volumen unum. Euipii[4] ex opusculis beati Augustini similiter volumen unum. Gregorii in parte media Iob volumen unum. Librum Fulgentii episcopi Cartagiensis volumen unum. Librum Ferandi diaconi aecclesiae Cartaginensis volumen unum. Bedae in Genesi expositione volumen unum. Eiusdem de compoto ac ratione temporum volumen unum. Collectaneos duos super anni circulo Pauli diaconi volumina duo. Libros glosarum duos volumina duo. Liber canonum diversorum conciliorum volumen unum.

Aedificia autem publica ac privata ab ipso coepta et consummata haec sunt. Inprimis dormitorium fratrum nobilissimum construi fecit, habentem longitudinis pedum ducentorum octo, latitudinis vero viginti septem; porro omnis eius fabrica porrigitur in altitudine pedum sexaginta quattuor[c]; cuius muri de calce fortissimo[d] ac viscoso[d] arenaque rufa et fossili lapideque tofoso ac probato constructi sunt. Habet quoque solarium in medio sui, pavimento optimo decoratum, cui desuper est laquear nobilissime picturis ornatum; continentur in ipsa domo desuper fenestrae vitreae, cunctaque eius fabrica, excepta maceria, de materie quercuum

a) autem hanc dedit copiam edd.   b ante vocem decem duae litterae erasae sunt c.   c) in marg. suppl. c.   d) sic c.

1) i. e. biblia.   2) Sic dicitur ep. Manichaei; vide August. Opp. ed. Venet. VIII, p. 151.   3) Taii Caesaraugustani episcopi.   4) Lege: Eugipii.

durabilium condita est, tegulaeque ipsius universae clavis ferreis desuper affixae*. Post quod aedificavit aliam domum quae vocatur refectorium, quam ita per medium maceria ad hoc constructa dividere fecit, ut una pars refectorii, altera foret cellarii, de eadem videlicet materie similique mensura sicut et dormitorium; quam variis picturis decorari fecit in maceria et in laqueari a Madalulfo, egregio pictore Cameracensis aecclesiae. Tertiam nempe domum egregiam construi fecit quam maiorem vocant, quae ad orientem versa, ab una fronte contingit dormitorium, ab altera adheret refectorio; ubi cameram et caminatam necnon et alia plurima aedificari mandavit; sed, interveniente morte eiusdem, hoc opus ex parte imperfectum remansit. Haec tria egregia tecta ita constituta sunt: dormitorium videlicet ab una fronte versum est plagae septentrionali, ab altera australi, et adheret ab ea basilicae sancti Petri; refectorium similiter versum est eisdem plagis et est fere contiguum a parte meridiana absidae basilicae sancti Petri; porro illa maior domus sicut supra diximus constituta est.

Aecclesia autem sancti Petri a parte meridiana sita est, versa tamen ad orientem; ipsam etiam a parte occidentali triginta pedum in longitudine ac totidem in latitudine accrevit, constructo desuper coenaculo, quam in honore domini dei ac salvatoris nostri Iesu Christi dedicandam fore praeoptabat; sed et ipsum opus propter mortem eius tam citam imperfectum remansit. In eadem autem sancti Petri basilica piramidam quandrangulam altitudinis triginta quinque pedum, de ligno tornatili compositam, in culmine turris eiusdem aecclesiae collocari iussit; quam plumbo, stagno ac cupro deaurato cooperiri iussit, triaque ibidem signa posuit; nam antea nimis humile hoc opus erat**. Iussit praeterea aliam condere domum iuxta absidam basilicae sancti Petri ad plagam septentrionalem, quam conventus sive curia\(^a\), quae Grece beleuterion[1] dicitur, appellari placuit, propter quod in ea consilium de qualibet re perquirentes convenire fratres soliti sint; ibi nanque in pulpito lectio cotidie divina recitatur, ibi quicquid regularis auctoritas agendum suadet, deliberatur; in qua etiam monumentum nominis sui collocare iussit, ut, dum vitae praesentis terminum daret, illic a suis deponeretur.*** Domum vero, qua librorum copia conservare-

*) *Edd. add.:* habet sursum trabes et deorsum.
**) *Edd. add.:* Ipsam nanque turrim simulque absidam tegulis plumbeis a novo cooperiri iussit.
***) *Edd. add.:* Item ante dormitorium, refectorium et domum illam quam maiorem nominavimus porticus honestas cum diversis
a) curiae *edd. c.?*
1) βουλευτήριον.

tur*, *ante refectorium collocavit, cuius tegulas ferreis clavis configere iussit.

In Flaviacensi quoque coenobio quae obtulerat[a] dona, hoc in loco declarandum censuimus. Ibi namque gratuita benignitate largitus est calices argenteos diversos decem; aquamanile argenteum cum urceo suo argenteo; candelabra argentea numero septem; pallia diversa plus minusve quadraginta; casulas planetas ac cindatos diversos triginta, quarum colores honeri videtur describere; fanones ac lintea non occurrunt memoriae, quot fuerint numero. In honore vero sanctae Trinitatis basilicam aedificavit, ante cuius aram tabulam argenteis imaginibus decoratam collocavit ipsique arae crucem argenteam imposuit universamque basilicam variis picturis decorari iussit. Nomina autem librorum quos ipsi contulit loco haec sunt: Pandecten a beato Hieronimo ex Hebreo vel Greco eloquio translatum. Eiusdem expositionem in duodecim prophetis, quot[b] sunt thomi viginti. Eiusdem in Isaia propheta libri decem et octo volumen unum. Eiusdem librum epistolarum volumina duo. In proverbiis Salomonis eiusdem volumen unum. In Danihele propheta volumen unum. In euangelio Mathei eiusdem, continens in eodem decreta Gelasii papae de libris recipiendis et non recipiendis, et excerptio aliqua de libris Exameron sancti Ambrosii episcopi, codex unus. Libros sancti Augustini qui praetitulantur de civitate Dei numero viginti duo in codice uno. Eiusdem expositionem in euangelio sancti Iohannis volumen unum. Omeliare eiusdem continens sermones 147 volumen unum. Libros eiusdem 15 de sancta Trinitate volumen unum. Concordia euangeliorum eiusdem codex unus. Eiusdem de doctrina christiana codex unus. Eiusdem expositionem in simbolo codex unus. Questiones eiusdem octoginta codex unus. Eiusdem de baptismo parvulorum ad Marcellum libri tres; de sermone Domini in monte libri duo, de providentia Dei sermo unus, de natale proprio sermo unus, de cruce sermo unus, ad Flaccianum epistola una, volumen unum. Item eiusdem Achademicorum libri tres, soliloquiorum libri duo, de inmortalitate liber unus, de quantitate animae liber unus, de magistro liber unus, de ordine libri duo, de videndo Deo liber unus. Libros Confessionum eiusdem liber unus. Eiusdem librum qui dicitur Enkiridionis liber unus.

>pogiis[1] aedificari iussit, quibus trabes imposuit ac iuxta mensuram eorumdem tectorum in longum extendit; in medio autem porticus, quae ante dormitorium sita videtur, domum cartarum[2] constituit.
>
>*) *Edd. add.*: quae Graece pyrgiscos dicitur.

a) *manus posterior correxit* obtulerit *c.*   b) *sic c.*

1) *i. e. gradibus.*   2) *i. e. archivum.*

In psalmis expositiones eiusdem libri duo. Expositionem sancti Ambrosii in epistolis Pauli volumen unum. Isichii presbiteri in Levitico libri septem codex unus. Expositionem sancti Iohannis Constantinopolitani episcopi in Matheo et Apocalipsi sancti Iohannis, continentem etiam librum sancti Isidori differentiarum, codex unus. Librum sancti Hilarii episcopi contra hereticos codex unus. Omelias beati papae Gregorii in novissima parte Ezechielis prophetae vel epistolarum eiusdem in codice uno. Expositionem Bedae presbiteri in Actibus apostolorum in codice uno. Eiusdem in Marco euangelista in codice uno. Eiusdem in Luca euangelista in codice uno. In septem epistolis canonicis et Apocalipsi Iohannis eiusdem in codice uno. Librum testimoniorum Isidori de Christo et aecclesia in codice uno. Eiusdem Aethimologiarum in codice uno.* Prosperi de vita activa et contemplativa in codice uno. Prognosticon futuri saeculi in codice uno. Disputationem fidei inter Arrium hereticum et Athanasium catholicum in codice uno. Epistolarum sancti Cipriani martyris in codice uno. Alcuini liber de trinitate in codice uno. Regulam sancti Basilii episcopi in codice uno. Regulam sancti Benedicti in codice uno. Historiam aecclesiasticam Eusebii Caesariensis episcopi in codice uno. Item chronicam eiusdem in codice uno. Historiam item aecclesiasticam trium virorum, id est Zozomeni, Theodoriti, Socratis, in codice uno. Canones diversorum patrum in codicibus duobus. Sacramentoria in codicibus duobus. Cassiodori de arithmetica arte codex unus. Eiusdem in psalmis expositio codex unus. Omeliarum Origenis in veteri testamento in codicibus duobus.** Vitas beatorum confessorum Hieronimi, Augustini, Gregorii, codex unus. Passionem sanctae Columbae codex unus. Institutio ac collectio cuiusdam de vita canonica codex unus. Gesta Francorum codex unus. Et alios plurimos, quorum nunc nomina memoriae non occurrunt.

In elemosinarum vero largitionibus quantum sollicitus extiterit, ipsa eius opera testimonium perhibent. Nam quodam tempore, id est anno regiminis sui decimo, *passio incidit illi, quam^a Greci paralisin vocant, moxque convocatis domesticis ac fidelibus seu intimis suis, hanc rerum suarum distributionem gratuito animo facere curavit. Quae largitio seu distributio ipsius iussu ac supplicatione aedita est a viro venerabili Hildemanno Bellvacensis urbis praesule, ad-

*) *Edd. add.:* Eiusdem Rotarum ad Sisebutum regem codicem unum.
**) *Edd. add.:* Eiusdem in psalmos expositionem volumina duo.

a) q. Gr. p. v. *post in marg. suppl. c.;* q. medici p. *edd.*

iuncto Berteningo et Gerlone laicis simulque Landone monacho, cuius textus talis est:

In hoc Fontanellensi coenobio largitus est fratribus libras sexaginta^a; nam omnibus annis triginta in censu dare consueverat; famulis laicis libras decem; senibus in illo exenodochio et ceteris mansionibus pauperum solidos decem; universae vero familiae huius coenobii libras quadraginta. Ceterorum monasteriorum nomina, ad quae eadem largitio elemosinae pervenerit, singillatim exprimam. Ad Gemmeticum denique coenobium libras 5 direxit; ad Logium[1] libram unam; ad Fiscannum[2] libram unam; ad Villare[3] libram unam; ad Longogilum[4] libram unam; ad Sanctum Walaricum[5] libram unam; ad Sanctum Richarium[6] libras duas et dimidiam; ad Sanctum Autmarum[7] similiter; ad Sanctum Audoinum in Rotomago libras quinque, ad Sanctam Mariam in domo eiusdem aecclesiae libras duas, ad Sanctum Martinum in eadem urbe et ceteris cellis solidos viginti quinque, Ragnoardo eiusdem urbis archiepiscopo libras decem, videlicet ut quinque presbiteris et alias quinque pauperibus porrigeret; ad Pentale[8] monasterium solidos quindecim; ad Penante[9] solidos quindecim; ad Pratellos[10] similiter; ad Ebroicas civitatem libram unam; ad Crucem Sancti Audoeni[11] libras duas; ad Lixovios[12] urbem libram unam; ad Fontanas[13] coenobium solidos quindecim^b; ad Baiocas civitatem libras duas; ad Duos-gemellos[14] libras duas; ad Sanctum Martinum in Turonis libras quinque, illis canonicis in domo libram unam; ad Sanctum Anianum in Aurelianis libram, illis canonicis in domo similiter; ad Sanctum Benedictum in Floriaco libras duas^c et dimidiam; ad Ferrarias[15] libras duas et dimidiam; ad Sanctum Charileffum[16] libram unam et dimidiam; ad Curbionem[17] monasterium libram unam et dimidiam; ad Sanctam Columbam in Senonis illis monachis libras duas, illis canonicis in eadem urbe libras duas, item in Senonas ad Sanctum Petrum illis monachis solidos^d quindecim; in Autisiodoro urbe illis canonicis libram unam, item in Autisiodoro ad Sanctum Germanum illis monachis libram unam, ad Sanctum Remigium[18] illis monachis similiter,

a) nonaginta *edd.*   b) duodecim *edd.*   c) unam *edd., ubi* et dim. *des.*   d) libram unam *edd.*

1) *V. p.* 21, *n.* 6.   2) *Fécamp.*   3) *Montivilliers in Caletis.*   4) *Fortasse Lonegiselus (St.-Longis), dioec. Cenomannensis.*   5) *St.-Valéry-sur-Somme.*   6) *St.-Riquier.*   7) *St.-Omer.*   8) *Pentalion ad rivum la Lizaine, Sequanam influentem.*   9) *Mabillonio videtur esse ecclesia cathedralis Macloviensis.*   10) *Préaux dioec. Lisieux.*   11) *In dioecesi Ebroicensi.*   12) *Lisieux.*   13) *Fontenay dioecesis Baiocensis.*   14) *Les Deux-Jumeaux prope Bayeux.*   15) *Ferrières.*   16) *Seu Anisolense, St.-Calais.*   17) *St.-Laumer-de-Moutier.*   18) *Hoc etiam Autissiodori situm fuisse videtur.*

ad Sanctum Eraclium in eadem urbe[1] similiter; in Trecas ad Sanctum Petrum libram unam; ad Sanctam Crucem in Meldis libram unam; ad Fossatos[2] monasterium libras duas; ad Sanctam Genovefam Parisius similiter, ad Sanctum Germanum libras tres, illis canonicis in eadem urbe libram unam; ad Sanctum Dionisium libras quinque; ad Calam[3] monasterium libram unam; ad Sanctum Lucianum[4] illis monachis libras duas, ad Belloacas illis canonicis libram unam, Hildemanno episcopo[5] ad presbyteros et pauperes libras decem; ad Flaviacum illis canonicis libras quindecim, ad opus famulorum eorum libras decem; ad Oratorium[6] monasterium solidos quindecim; ad Insulam monasterium[7] similiter[a]; ad Andelagum[8] monasterium similiter[b]; ad Fontanidum[9] monasterium solidos decem; ad Malardum-vallem[9] solidos decem; ad Resbace[10] monasterium libram unam et dimidiam; ad Sanctum Salvium in Brago[11] solidos decem; ad Mallam[9] monasterium libram unam et dimidiam; ad Sanctum Vedastum in Atrebato similiter; ad Cameracum civitatem libras duas, ad Sanctum Gaugericum[12] libram unam; ad Corbeiam monasterium libras quinque; ad Sanctum Eligium in Noviomo libram unam, item ad eandem urbem canonicis similiter; ad Suessionis civitatem canonicis libram unam, ad Sanctum Crispinum[13] solidos quindecim, ad Sanctum Medardum[13] monachis libram unam et dimidiam, illis sanctimonialibus libras tres; ad Remis illis canonicis libram unam, ad Sanctum Remigium illis monachis similiter; ad Sanctum Mimmium in Catalaunis similiter, ad eandem Catalaunensium urbem solidos 15; ad Altum-montem[14] monasterium, *quo sanctus Ansbertus quondam exilio fuit trusus atque consortiis humanis ereptus, solidos quindecim; ad Malbodium[15] coenobium libram unam; ad Castrologium[16] monasterium similiter; ad Laubias coenobium[17] similiter; ad Indam[18] coenobium libras duas; ad Lingonas illis canonicis libram unam; ad Luxovium libras viginti quinque*; ad Fontanas[19] cellam eiusdem coenobii libram unam et dimidiam; ad Cusantiam[20] similiter; ad Anagrates[21] libras duas.**

*) *Edd. add.*: id est in ipso monasterio libras decem.
**) *Edd. haec addunt*: Ad Romarici-montem[22] libram unam; ad

a) solidos decem *edd.* b) solidos duodecim *edd.*

1) *Autissiodorensi.*   2) *St.-Maur-les-Fossés.*   3) *Chelles.*   4) *Bellovaci.*
5) *Bellovacensi.*   6) *Oroër (Beauvais).*   7) *Dioec. Bellovacensis.*
8) *Andelay, ad Sequanam supra Rotomagum.*   9) *De cuius situ non constat.*   10) *Rebay in Brigio tractu.*   11) *St.-Sauve-en-Brai ad Sequanam.*   12) *Cameraci.*   13) *Suessionense monasterium.*   14) *Haumont ad Sabis fluvii initia.*   15) *Maubeuge.*   16) *Mons in Hennegau.*
17) *Lobbes dioec. Leod.*   18) *Cornelimünster prope Aquasgrani.*
19) *Fontaines.*   20) *Cusance.*   21) *Anegray.*   22) *Remiremont.*

De dormitione eius in Christo.

Rexit autem hoc coenobium idem gloriosus vir per annos decem, menses quinque, dies 18. Ipso tempore recessit domnus Ansigisus dominica inlucescente, die 13. Kalend. Augusti; eodem die cum fletu maximo tumulatus extra basilicam sancti Petri ad aquilonalem plagam, in porticu, in qua fratres conventum celebrare soliti sunt ac consultis Deo dignis aures accommodare; et cessavit regiminis locus triginta et octo diebus.*

FINIT GESTA DOMNI ANSIGISI ABBATIS.

18. Fulco venerabilis presbiter succedit ab anno incarnationis dominicae 835[1], qui est annus bonae memoriae domni Hludovici magni imperatoris vicesimus primus; nam antea Ioseph episcopus in divortio illud tenuerat menses 7, dies 12, id est a sexto Kalend. Septembris usque ad quarto Idus Martii. Septimo decimo Kalend. Aprilis fuit tunc datum domno Fulconi praedictum coenobium, et tenuit annis undecim et menses 5, dies 27, id est a septimo decimo Kalend. Aprilis usque sexto Idus Octobris.

19. Herimbertus diaconus annis 4 et menses undecim, id est a quinto Idus Octobris, quando regimen sumpsit, usque 3. Idus Septembris, quando ad Dominum migravit.

FINIUNT GESTA SANCTORUM PATRUM FONTANELLENSIUM.

Balmam[2] similiter; libram unam et semis ad Morbach coenobium; libram unam ad Sanctum Gregorium[3]; libram unam ad Monasterium-Mauri[4]; libram unam ad Melundas[5]; libram unam ad Sanctum Reginbertum[6], ubi primo elementa didicerat literarum. Per manus quoque matris suae in usus egenorum viginti libras expendit; simili modo per manus Berteningi libras viginti; sibi vero in domo sua famulantibus libras quadraginta largiri fecit. Tribus vicibus omnes opes suas egenis ac pauperibus erogari fecit, nil sibi reservans; quae qualiter gesta sint, ne nauseam aut fastidium ingessisse videar, transcendendo omittam. Elemosinis enim sibi viam praeparavit, quoniam noverat externum omnem hominem esse sive ad poenam sive ad gloriam; ideo elemosinis ac orationibus servorum Dei se roborabat, ut et cursum huius vitae pacifice transigeret atque feliciter in perpetuum viveret.

*) *Edd. constitutionem Ansegisi abbatis addunt, quae in cod. Havrensi non legitur.*

1) *Corrige* 834; *nam Ansegisus obiit anno* 833, *die dominica, in quam dies* 13. *Kal. Aug. tunc vere incidebat; et Herimbertus anno* 845 *a. d.* 5. *Id. Oct. abbatiam suscepisse existimandus est, qui et eo anno dies dominica erat, in consecrationibus sollemnis.* 2) *La Baume in dioecesi Vesontionensi.* 3) *Münster im Gregorienthal.* 4) *Mauermünster.* 5) *Molosmes in Lingonibus.* 6) *Mabillonio idem ac monasterium S. Ragneberti in pago Lugdunensi.*